Muricio Rosencof

# Die Briefe die nicht ankamen

EDITION KÖLN

Mauricio Rosencof

# DIE BRIEFE DIE NICHT ANKAMEN

Aus dem Spanischen
von Willi Zurbrüggen

Famen und Esperanzen 10

Inhalt

Diese Worte sind für deine entstehende Erinnerung,
kleine Inés, letztes Glied schimmernden Lächelns,
Töchterchen der Tochter und all des Blutes.

DER GROSSVATER

# I Tage der Heimat und des Krieges

Ich weiß nicht genau, an welchem Tag ich meine Eltern kennengelernt habe und ob mir damals überhaupt klargeworden ist, was dieses Ereignis für mich zu bedeuten hatte.

Aber ich weiß noch, dass meine Mama im Patio war, als ich sie zum ersten Mal sah. Unser Patio war ein riesengroßer Innenhof, der im Lauf der Jahre immer mehr zusammengeschrumpft ist. Damals war er wie der Urwald von Tarzan, so viele Pflanzen hatte meine Mama. Es war ein offener Hof ohne Glasdach, und über die ganze Länge war eine Leine gespannt, an der jeder seine nasse Wäsche aufhängen konnte, dann hat es geregnet. Es regnet ja immer, wenn nasse Wäsche auf der Leine hängt.

In diesem Innenhof hat meine Mama eines Tages in einer Tonne ein Kohlenfeuer angemacht und ein Stück Leber darauf gebraten, das man vom Metzger bekam, wenn man eine Katze hatte. Wir hatten eine. Sie hieß Miska und sah aus wie ein Tiger. Mama kochte zwar für Miska, aber wir aßen alle mit.

Von meinem Papa hab ich als erstes die Augen kennengelernt. Helle, gute, pfiffige Augen, die immer lachten. Mein Papa hatte die besten Augen der Welt.

Und zusätzlich zu allem hatte ich noch einen großen Bruder, der mich immer verteidigte, wenn der Feind über uns herfiel. Er hat mich mein ganzes Leben lang verteidigt, bis zu seinem Tod.

Meine Eltern hatten ihn aus Polen mitgebracht, das war lange her, jetzt war er ungefähr zehn Jahre alt. Er starb, als er sechzehn war, da hat meine Mama sich mit den Fäusten an den Kopf geschlagen.

Dann war da noch der Briefträger, aber an den erinnere ich mich nicht.

Eines Tages kam Papa, mit einem - blauen, glaube ich - Anzug und so nach Hause und hat über das ganze Gesicht gestrahlt. Er hatte einen großen Kasten dabei, der in Zeitungspapier eingewickelt war und Knöpfe hatte. Er stellte ihn auf den Nähtisch, sah mich an und sagte nur: "Den fasst du mir nicht an." Dann schaltete er ihn ein, und es war ein Radio.

Vorher war Mama zum Radiohören immer zu Doña Catalina gegangen, die schon einen Apparat hatte. Da haben sie sich Hörspiele angehört.

Später wurde im Radio Krieg gehört.

Es war ein Krieg in Spanien, und wir gingen zu einem Komitee, wo Mama Wollsocken strickte und Papa Reden hielt. Alle sprachen wild durcheinander Jiddisch, und ich verstand kein einziges Wort. Draußen auf den Gehwegen haben wir leere Zigarettenschachteln aufgesammelt und das Silberpapier herausgeholt. Das haben wir dann zu Kugeln gerollt, und in Spanien haben sie daraus richtige Kugeln gemacht. Für den Krieg.

Wir haben das aber nicht für den Krieg gemacht, sondern für die Brigade, also schon für den Krieg. Hier haben wir auch eine Brigade. Aber die braucht kein Silberpapier. Ich weiß das, weil die von der Brigade sonntags Zeitungen verkaufen. Sie verkaufen auch Kärtchen aus Pappe mit dem Bild von einem Mann darauf, der so mit dem Finger auf dich zeigt und dich fragt: "Was tust du für Spanien?" Das sagen die von der Brigade auch, und die Kärtchen heissen "Bons".

Nach dem Krieg in Spanien kam ein anderer Krieg. Dafür kam der Briefträger nicht mehr. Das heißt, kommen tat er schon. Nur zu uns ist er nicht mehr gekommen. Papa hat immer am Fenster gestanden und auf ihn gewartet. Papa saß im Zimmer und nähte, und alle paar Minuten ist er zum Fenster gegangen und hat nach draussen geguckt. Und wenn der Briefträger vorbeigefahren kam - er fuhr immer nur vorbei, kam aber nicht ins Haus

–, hat mein Vater hinuntergerufen: "Und?" Der Briefträger hat schon gewusst, was gemeint war, und jedesmal geantwortet: "Nichts, Don Isaak." Er hatte nie was für ihn dabei.

Darum hat uns Papa sonntags, wenn Briefe vorgelesen wurden, die alten Briefe vorgelesen, und dabei hat er immer so komische Augen gemacht, die nicht mehr gelacht haben.

Die Briefe, auf die Papa gewartet hat, sind nie gekommen.

*Lieber Isaak.*

*In der zweiten Juliwoche ist hier die Komandantur der Gestapo eingerichtet worden. Drei Tage später haben sie große Plakate angeschlagen, auf denen stand, dass alle Juden und Abkömmlinge von Juden bis in die fünfte Generation, Kinder, Jugendliche, Erwachsene und Alte, eine weiße Binde mit einem blauen Stern am linken Arm tragen müssen und nicht mehr auf dem Bürgersteig gehen dürfen. Irene hat sich nicht daran gehalten und ist verprügelt worden. Danach haben sie ihr eine Zahnbürste und einen Eimer mit Seifenlauge gegeben und sie gezwungen, den Bürgersteig mit der Zahnbürste zu schrubben. Die Leute sind stehengeblieben, haben spöttische Bemerkungen gemacht und sie ausgelacht.*

*Jetzt richten wir uns alle darauf ein, ins Ghetto zu gehen. Einige von den Nachbarn – stell dir das vor! – kommen schon und fragen, wann wir ausziehen, weil sie es nicht mehr abwarten können, unsere Wohnung zu übernehmen. Samuel erzählt, dass er in einem Warschauer Kino einen Film mit dem Titel "Der Führer schenkt den Juden eine Stadt" gesehen hat. Er meint, das sei Theresienstadt, und man sieht unsere alten Leute, wie sie Tee trinken und Domino spielen; es gibt auch Fabriken und Straßen mit Straßenbahnen. Eine richtige Stadt. Samuel sagt, da braucht niemand den Davidstern zu tragen, und man kann die Bürgersteige benutzen wie jeder andere auch. Hast du eine Ahnung, wo Theresienstadt liegt?*

In der Küche hatten wir kaum alle Platz. León und ich setzten uns auf eine lange Holzbank, die aus dem Innenhof geholt wurde, damit wir uns in der Küche darauf setzen konnten. Wenn sie im Hof stand, stellte Mama einen riesigen Blechzuber darauf - der hieß auch so, "der Zuber" -, in dem wurde die Wäsche gewaschen.

Wenn das Essen fertig war, rief Mama jedes Mal: "Itschroook!" Damit war Papa gemeint. Er musste immer so laut gerufen werden, sonst kam er nicht aus seiner Werkstatt. Damit er herauskam, hat Mama so laut gerufen. Und dann ist er mit seinem Lächeln in die Küche gekommen und hat sich zu uns an den Tisch gesetzt.

In Wirklichkeit hieß Papa gar nicht "Itschroook!" Sein Name war Isaak. Ich hieß Moishe. So hat Mama mich immer gerufen. Moishe. "Moishe, was machst du da?" Wie Miska. Miska hieß so. Miska. "Miska, was machst du da?"

Der Topf war riesengroß, aber ich wollte nur raus, weil Fito schon draußen auf mich wartete und weil er nichts verstand, wenn Papa die Briefe laut vorgelesen hat. Mein Bruder, der konnte das verstehen. Der verstand alles. Auch nachts, wenn wir beide in das große Bett durften, und Papa sich in den Schneidersitz setzte und uns die Geschichte von Moses und dem Meer vorgelesen hat, wir alle in Unterhosen. Die Geschichte habe ich auch nicht verstanden, aber sie war mit Bildern - Moses hatte so einen langen Bart - und León hat mir erklärt, was Vater vorlas. León wusste alles. Er lernte bei Papa schneidern und kaufte auch immer ein, um die Sprache von hier zu lernen. "Das ist Zucker, kleiner Jud, und das ist Salz", sagten sie im Laden zu ihm. Und er, León, hat es hinterher der Mama gesagt. "Das ist Zucker, Mama, und das ist Salz." Leóns Mama ist auch meine Mama.

Papa sagt, die Bibel ist eine ernste Sache. Darum kommen auch keine Witze darin vor, das finde ich langweilig. Papa liest und liest immer nur, und ich kann nie mal lachen wie bei Charlie Chaplin.

*Im Ghetto gibt es viele Krankheiten, Isaak. Auch Hunger, weißt du? Kein Mensch will uns helfen oder verstecken, und sie haben schon mit den Deportationen angefangen.*

*Die Deutschen verbreiten die Nachricht, dass sie uns in ein Arbeitslager bringen, wo wir eine neue Kolonie gründen sollen. Angeblich haben sie da sogar Duschen, stell dir das vor. Für den Anfang allerdings noch Gemeinschaftsduschen. Aber immerhin. Duschen und Kindergärten, wie Samuel es im Film gesehen hat.*

*Im Ghetto haben wir kaum die Möglichkeit, uns zu waschen, und es herrscht große Angst vor Epidemien. Aber bald schon soll man Fahrkarten reservieren und kaufen können, sei also unbesorgt. Jedenfalls ist das die offizielle Verlautbarung.*

*"Für den Transport am kommenden Dienstag kann jeder Fahrgast rechtzeitig vor Abfahrt des Zuges einen Fahrschein und eine Platzreservierung lösen.*

*Es wird dafür gesorgt, dass Ehepaare mit oder ohne Kinder zusammenbleiben können. Für diejenigen, die eine Reisegruppe bilden möchten, besteht darüberhinaus die Möglichkeit einer gemeinsamen Platzreservierung.*

*Die Platzkarten sind nicht übertragbar."*

*Gottseidank haben wir schon Plätze reserviert, Isaak. Wir fahren. Schlechter als hier kann es uns nirgends ergehen. Wer weiß, vielleicht kommen wir sogar nach Theresienstadt. Das Schiff, das Leibu uns gemalt hat, ist ja niedlich. Was ist mit Moishe, malt der nicht so gern?*

Bei uns im Haus wohnten viele Leute, aber wir hatten am meisten, weil wir zwei Zimmer hatten. Eins zum Schlafen und das andere mit Balkon, damit man die Straßenbahnen vorbeifahren sehen konnte, ohne gesehen zu werden, weil, Fito und ich haben immer Steine auf sie geworfen. In dem Zimmer stand eine riesengroße Maschine, die hieß Singer, und wenn Papa auf die Pedale getreten hat, ging sie wie von selbst. Straßenbahnen sind was ganz Schreckliches, weil sie die Leute mitnehmen und man nie weiß wohin, und man sieht sie nie wieder, nur den Straßenbahnführer, den sieht man. Und Fito und ich, wir werfen Steine auf die Straßenbahn.

In dem Zimmer, in dem wir schliefen, haben wir auch gebadet. Mama hat Zeitungen auf die Erde gelegt und den Zuber gebracht. Aber sie hat ihn nicht auf die Küchenbank gestellt, wie beim Wäschewaschen. Nein. Sie hat ihn auf die Erde auf das Zeitungspapier gestellt. Dann kam sie mit dem großen Hühnereintopf, aber voll heißem Wasser, das war für uns beide, für León und für mich. Ich badete als Erster. Danach kam mein Bruder. Ich hab in den Zuber gepinkelt – und mein Bruder ist wütend geworden. "Darin bade ich nicht!", schrie er. Und Mama sagte: "Siehst du denn nicht, wie klein er noch ist?" Und wenn León noch wütender wurde, sagte sie: "Er ist doch von deinem eigenen Blut, oder?" "Aber sein Pipi nicht", sagte León. "Warum hältst du nicht den Mund?", sagte Mama dann.

Wenn meine Mama was sagt, fragt sie immer. "Warum isst du nicht?" "Tut man sowas?" "Warum kommst du nicht?" Meine Mama sagt, sie fragt, weil sie es wissen will. "Und warum soll ich nicht fragen?", sagt sie.

Der Briefträger hat einen Anzug wie die Straßenbahnführer, aber Fito und ich werfen auf ihn keine Steine. Er kommt und fährt weiter. Er hält nie an. Mein Vater sagt zu ihm: "Wie wär´s mit einem Gläschen?" "Heute nicht, Don Isaak, ich bin spät dran." Wenn er auf ein Gläschen bleibt, kommt er in den Innenhof, aber er setzt sich nicht. Er nimmt seine Mütze ab. Mein Vater kann viele Gläschen vollgießen, weil er eine Menge Sauerkirschen in eine Korbflasche getan hat, und das gibt massenhaft Gläschen. Mein Vater schenkt dem Briefträger ein paar davon ein, damit er ihm viele Briefe bringt. Das weiß ich.

Aus der Korbflasche, die mein Papa hatte, war kein einziges Gläschen mehr voll zu kriegen, aber jede Menge Sauerkirschen waren noch drin. Fito und ich haben sie mit einer von Mamas Stricknadeln aufgespießt und sie eine nach der andern und manchmal auch zwei, einmal sogar drei auf einmal herausgeholt und sie gegessen, und dann haben wir furchtbar lachen müssen, und mein Bruder hat immer gerufen: "Mama, Mama, die sind besoffen, die sind total besoffen!".

Die Mama von meinem Bruder ist auch meine Mama, aber nicht Fitos Mama. Fito hat eine andere.

In der Küche liest Papa die Briefe. Die Briefe werden in der Küche gelesen. Mein Papa liest sie immer, weil meine Mama nicht lesen kann. Aber sie hört zu. Mama hört sich die Briefe an, die mein Papa vorliest, und manchmal nickt sie und sagt:" Und von Mama steht nichts drin?" Meine Mama sagt, dass sie auch eine Mama hat. León sagt, ja, das stimmt, er hat sie schon einmal gesehen, und darum fragt sie: "Und von Mama steht nichts drin?"

*Wir sind gleich da, Isaak. Gott sei Dank. Du wirst lachen, aber ich muss an den Film denken, den wir in Warschau gesehen haben, und ich frage mich, ob es für uns auch heißen Tee geben wird.*

*Durch die Waggonritzen haben wir einen Namen lesen können: Treblinka. Der Zug fährt jetzt langsamer. Es ist eine große Erleichterung zu wissen, dass wir bald da sind, dass die Türen bald aufgemacht werden und dann ein Schwall frischer Luft hereinkommt. Hier drin-*

*nen atmen wir eine dickflüssige saure Brühe ein, die nach Kot und Schweiß stinkt. Seit Tagen – seit wie vielen schon? – leben wir im Dunkeln. Irene sagt, sie hat Hunger. Aber wer hat keinen Hunger? Sara ist nicht bei uns und Mama auch nicht. Ich glaube, sie sind einem anderen Zug zugeteilt worden. Hoffentlich werden wir nicht getrennt. Der Zug hält jetzt. Die Waggons bleiben geschlossen. Durch die Ritzen kann ich Haufen von Kleidungsstücken erkennen. Merkwürdig. Und noch merkwürdiger dürfte sein, wenn ich dir jetzt sage, was ich in diesem Moment am liebsten tun würde. Lach bloß nicht. Ich würde jetzt gerne unter freiem Himmel stehen und nach Herzenslust pinkeln: das Becken vorgestreckt, die Arme abgewinkelt und die Hände in die Hüften gestemmt. Freihändig. Gibt es eine schönere Art zu pinkeln, Isaak?*

*Krachend werden die Türen aufgerissen, und Männer mit gestreiften Anzügen und Armbinden mit dem Davidstern schreien "Raus, raus!" Sie klettern in die Waggons und treiben uns hinaus und murmeln dabei unverständliche Sachen wie:*

*"Junge Frauen nicht mit Säuglingen im Arm aussteigen."*

*"Wer schwanger ist, versteckt sich hinter den anderen."*

*Dabei hören sie nicht auf zu schreien:*

*"Raus, raus! Gepäck bleibt in den Waggons! Niemand nimmt was mit!" Dabei schieben und drängen sie uns nach draußen und murmeln immerzu:*

*"Niemand darf sich krank melden."*

*Und: "Los, los, schneller, schneller!", und kein Mensch versteht ein Wort, sowas hab ich noch nie gehört.*

*Auf den Koffern stehen aber ja unsere Namen. Sie werden sie uns sicher später aushändigen.*

*Das Geschrei ist ohrenbetäubend, und nach so vielen Tagen im Dunkeln sind wir vom Licht geblendet. Auf dem Bahnsteig wimmelt es von SS-Männern mit Schäferhunden. Familien werden auseinandergerissen, Väter und Mütter rufen nach ihren Kindern.*

*"Jakob, Jakob!"*

*"Ruth! Wo ist Ruth! Wohin bringen sie dich, Ruth!"*

*"Abraham, Abraham, komm her! Hörst du nicht? Bist du taub?"*

*"Jakob! Hörst du mich!"*

*Die Wachen brüllen, und keiner weiß, wie ihm geschieht, als sie alles ausziehen befehlen.*

*Treblinka, Isaak, ist ein Bahnhof. Ein paar Holzbaracken, ein Verschlag, der wie eine Küche aussieht, Werkstätten. Und ein großer freier Platz, auf dem die Kleider aufgehäuft werden, Schuhe, Unterwäsche, Bettzeug und alle möglichen Sachen wie Rasierpinsel, sowas. Hunderte von Männern sind dabei, die Sachen zu sortieren.*

*Auf der anderen Seite des Bahnsteigs, die Baracken. Ein mit Sträuchern und sogar mit Blumen gesäumter Weg, wie ein Gartenweg, führt bis zu einem Gebäude, das aussieht wie eine Fabrik.*

*Und mitten drin, Isaak, stehe ich nackt und halb erfroren und muss immer noch pinkeln.*

Die Welt ist was, wovon ich nicht viel verstehe. Fito sagt, dass er einen Vetter in Buenos Aires hat, der Pascualito heißt, und dass Buenos Aires so einen rötlichen Lichtschein hat. Manchmal können wir ihn sogar sehen. Am Himmel, auf der anderen Seite, sehen wir einen rötlichen Lichtschein, und das ist Buenos Aires. Es ist kein Licht wie von einer Lampe. Nein. Eher wie eine Wolke, die man nachts sehen kann. Buenos Aires ist eine rötliche Wolke, und da wohnt Pascualito. Mein Bruder meint aber, das, was wir sehen, ist was anderes. Diese Wolke kommt von einem Tanzschuppen, drei Straßen weiter. Mein Bruder sagt, er nimmt Fito und mich mal mit, dann gehen wir nachts dahin. "Damit ihr mir glaubt."

Buenos Aires ist ein Tanzschuppen.

Meine Mama hat einen riesigen Stapel Fotos, die sie in einer Schuhschachtel verwahrt. Solche Schachteln sind dafür da, um Sachen aufzubewahren. In den Schachteln ist alles mögliche. Und Mama hat in ihrer Schuhschachtel alle ihre Schwestern und ihre Mama, das Mamele, das ist die Mama von meiner Mama; und Mama ruft mich und zeigt mit einem Finger: "Das da ist Irene, und das ist Anna, die zwei Kinder hat" - auf dem Foto sind aber keine zu sehen -, "solche wie du." "Und warum besuchen sie uns nicht?" Und Mama: "Wie sollen sie uns denn besuchen?" Sie wohnen nämlich in Polen; was Polen für eine Farbe hat, weiß ich nicht. Und Mama mit dem Finger: "Wer ist das also?" Ich sage: "Irene" und "Anna" und "Rosa", und manchmal weiß ich es auch nicht mehr, weil es so viele sind.

Ich fragte meinen Papa, welche Farbe Polen hat. Papa sagt, dass er aus Polen ist, aber aus einem ganz kleinen Dorf, und Mama auch. Dass man da Sachen pflanzt und Salzgurken macht. Dass er einmal im Krieg war, einem ganz alten Krieg, und eine Ratte da sein Brot aufgefressen hat, und er hat die Ratte totgeschlagen und ihr das Brot wieder weggenommen, weil es ja sein Brot war, es gehörte ihm, meinem Papa. Und alle hätten geglaubt, er wäre tot, auch meine Mutter, denn als kein Krieg mehr war, kam er nicht zurück. Aber er kam zurück. Er kam zurück und ging in die Werkstatt von seinem Bruder, der Schneider war, und Papa hatte einen Anzug wie ein Briefträger, aber nicht von einem Briefträger, der war ganz zerrissen, und er trug einen Bart, und der Bruder gab ihm ein Almosen, weil mein Papa ja tot war und es nicht sein konnte. Aber dann hat mein Papa zu ihm gesagt: "Leibu, Leibu, ich bin´s, Isaak", und da hat er ihn in die Arme genommen, und alle haben geweint.

Leibu heißt so wie mein Bruder, der León heißt. Und Papas Bruder heißt genauso, nur auf polnisch.

Aber was Polen für eine Farbe hat, weiß ich immer noch nicht.

*Hier tritt man durch ein schmiedeeisernes Tor ein, über dem in ebenso schmiedeeisernen Buchstaben steht: "Arbeit macht frei". Ruth – wer sonst – murmelt: "Der Herr befreie mich von Arbeit", und beinah hätten wir alle gelacht, aber das geht hier nicht, darum haben wir ihr nur Blicke zugeworfen, und ich habe ihr zugeflüstert: "Siehst du nicht, dass wir hier auf dem Präsentierteller stehen?"*

*Du wirst es nicht glauben, Isaak, aber wir werden hier mit Musik empfangen. Die Kapelle steht auf einem Podest, und wieder ist es Ruth, die diesmal ganz ernst sagt: "Sie sind zwar nicht besonders elegant gekleidet, aber die Musik hört sich gut an."*

*Wohin man schaut, überall Stacheldraht. Mama haben sie auf einen Lastwagen verfrachtet, und sie hat dabei ihr Hütchen verloren. Arme Mama. Hast du was von Irene gehört? Oder von Samuel? Hier sieht man viele junge Mädchen in Lumpen herumlaufen, verdreckt, heruntergekommen, und alle mit kahl geschorenen Köpfen. Sie sind wie weggetreten, vielleicht verrückt. Es sieht aus, als spielten sie Ringelreihen oder sowas.*

*In ganz ganz weiter Ferne sieht man Bauernhäuser auf einem Hügel; die Hänge sind bepflanzt, in gelben und grünen Rechtecken. Als ob man eine Ansichtskarte vor sich sieht, oder eine Zeichnung aus dem Malunterricht, wo der Rauch aus dem Schornstein aufsteigt.*

*Mein Gott, wie sollen wir unter all den Leuten nur Mama wiederfinden!*

Papa schreibt. Wenn Papa schreibt, ist es Nacht, denn tagsüber sitzt er an der Nähmaschine und tritt in die Pedale – ticki, ticki, ticki – was das Zeug hält. Papa schreibt nachts Briefe, aber nur manchmal. Er macht dann das Radio aus, und meine Mama macht ihm Tee, und er rührt mit einem kleinen Löffel im Glas herum, und dann schreibt er. Er hat ein winziges Tintenfass und Federn wie aus Silber, die er in einen hölzernen Stift klemmt, den er Federhalter nennt. Dann nimmt er den Deckel vom Tintenfass, taucht die Feder ein und schreibt. Zwischen-drein hört er manchmal auf und rührt mit dem Löffelchen im Glas. Wenn Papa schreibt, dürfen mein Bruder und ich uns nicht streiten, nicht anschreien, gar nichts. Wenn Papa schreibt, darf überhaupt kein Lärm gemacht werden. Das Blatt hat er von meinem Bruder, der es aus einem Schulheft reisst. Mein Bruder geht abends zur Schule, und die Blätter, die er Papa gibt, haben Linien, und auf die Linien schreibt Papa die Buchstaben, damit sie nicht herunterfallen. Das sagt León, der über alles Bescheid weiß. Papa schreibt an seine Mama und an seine Geschwister. Er schreibt auch an Mamas Eltern. Mama kann nicht schreiben, aber sie will nicht, dass man das sagt. Einmal hat auch mein Bruder ein kleines Stück auf Papas Blatt geschrieben. Ich nicht. Ich kann nicht schreiben. Fito auch nicht. Genau wie Mama. Ich kann aber zeichnen. Auf Papas Brief hab ich ein Schiff gemalt. So eins wie das, mit dem mein Bruder gekommen ist. Wenn Papa nicht mit dem Löffelchen im Glas rührt, greift er sich mit der Hand an den Kopf. "So kann ich besser nachdenken", sagt er. Und Mama schimpft dann mit ihm: "Warum trinkst du nicht deinen Tee? Siehst du nicht, dass er kalt wird?"

*Sie kommen jetzt und lassen uns zum Appell antreten. Unter ihnen ist eine hübsche Blonde in Uniform, Grete. Sie heißt Grete und hat strahlend weiße Zähne.*

*Wir stellen uns auf, so gut es geht, möglichst gerade. Wir machen uns Sorgen. Grete lässt ein paar von den Mädchen vortreten und sie dann etwas abseits Aufstellung nehmen. Sie sind selektiert worden, verstehst du? Selektiert, weil sie so dünn sind und traurig aussehen. Und ich bin rappelmager, Isaak, ich habe Angst.*

*Uns anderen wird befohlen, einen Ring um die Mädchen zu ziehen, damit sie nicht fliehen. Wenn einem der Mädchen die Flucht gelingt, wird der ganze Block selektiert, und ich habe Angst. Wir bilden einen Kreis und fassen uns an den Händen, gehen ein paar Schritte in die eine, ein paar in die andere Richtung.*

*Wir sind wie weggetreten, verrückt vielleicht, in Lumpen, schmutzig, heruntergekommen und alle kahl geschoren bei diesem Tanz, aus dem ich mich auf den kleinen Platz in unserer Straße flüchte, wo wir uns mit Irene und Sara und all den anderen Mädchen an den Händen gefasst und gelacht haben, einfach so, ohne Grund, bis wir vom Lachen so erschöpft waren, dass wir mit dem Reigen aufhörten, genau wie jetzt, wo die Mädchen weggebracht werden, und ich habe Angst.*

Einmal bin ich wo hingegangen. Fito nicht. Es war eine Stelle wie bei uns auf der Straße, aber an der Ecke, nur ganz woanders. Da ragte ein dickes Kanonenrohr aus der Erde, es war aber gelb und hatte ein Fensterchen mit einer Klappe. "Da hinein", sagte mein Bruder. "Du musst ihn da reinstecken, los, mach schon", sagte er. "Du brauchst keine Angst zu haben, es beisst nicht." Dann gab er mir den Brief, den Papa ihm gegeben hatte und auf den er außen ein Bildchen geklebt hatte, und ich hab ihn in das Kanonenrohr geworfen und hatte überhaupt keine Angst, kein bisschen, dann hab ich meinen Bruder an der Hand gefasst, und wir sind zurückgegangen. Ich gehe gerne an der Hand von meinem Bruder. Er trägt jetzt lange Hosen. Aber ich frage mich, wohin das Kanonenrohr den Brief wohl schickt? Fito meint, es ist gar kein Kanonenrohr. Aber wenn es kein Kanonenrohr ist, was ist es dann? Eh? "Von einem U-Boot", sagt er. "Es ist von einem U-Boot."

*Eines Nachts hat ein Mädchen aus unserer Baracke im Schlaf entsetzlich geschrien; und wenige Minuten später haben wir alle geschrien, ohne zu wissen warum. Warum?*

*Ich glaube, dass dieser Klagelaut, der manchmal – nur der Herr weiß, auf welchen Wegen – in den Himmel aufsteigt wie ein unsichtbarer Vogel, den letzten Rest menschlicher Würde darstellt.*

*Es ist die vielleicht einzige Möglichkeit des Menschen, eine Spur zu hinterlassen, der Welt sein Leben und Sterben mitzuteilen. Mit seinen Schreien macht er sein Recht auf Leben geltend, schickt eine Botschaft an die Außenwelt, die er um Hilfe bittet und zu Widerstand auffordert. Wenn nichts mehr bleibt, muss man schreien.*

*Schweigen ist das wahre Verbrechen gegen die Menschlichkeit. Und Ruth – "Die-uns-zum-Lachen-bringt" (weil sie es immer schafft, uns zum Lachen zu bringen) – sagt, wenn wir schreien, brauchen wir einfach nur "Tor!" zu schreien. Weil es völlig egal ist, was wir schreien, es kostet ja nichts, und dem Schmerz ein kleines Lachen abgewinnen, macht ihn etwas weniger schmerzlich. "Toooor!" So.*

*Als ich klein war, Isaak, habe ich mich gefragt, wo wohl die Träume bleiben. Du träumst, und der Traum ist wie Wasser. Wo aber bleibt das ganze Wasser? Im Meer? Oder in den Wolken? Dann kommen die Träume mit dem Regen zurück.*

*Und die Schreie? Heute frage ich mich, wo bleiben die Schreie? Sie können nicht einfach verloren gehen, das dürfen sie nicht. Es kann nicht sein, dass sie verloren gehen, sich in Luft auflösen, sie können nicht einfach im*

*Nichts enden, Nichts werden, für Nichts sterben, sie sind für etwas geschaffen worden, sie sind für etwas geschrien worden, Isaak, der Schrei stirbt nicht, kann nicht sterben. Er stirbt nicht. Wir selbst, wir sterben schon, jeden Morgen, bei jedem Appell, den Grete abhält, mit jedem Transport, der eintrifft. Aber nicht unsere Schreie; der Schrei stirbt nicht.*

*Gebe Gott, dass unsere Schreie sich unter den Kopfkissen derer einnisten, die nichts wissen, oder die wissen und schweigen, oder die nichts wissen wollen.*

Hier um die Ecke gibt es ein Kino, aber es ist kein richtiges Kino. Es ist ein Keller mit Schuhen. Die Schuhe werden von Don Evelio besohlt, und der hat ein Kino. Sonntags stellt er die Schuhe an die Wand und hängt ein Bettlaken auf, das er Leinwand nennt, und zeigt uns einen Film mit Charlie Chaplin. Fito und ich, wir setzen uns ganz nach vorn, weil wir die Kleinsten sind. Don Evelio hat mir erzählt, dass die Brigaden von Spanien in einen anderen Krieg gezogen sind, weil wir dort schon verloren haben. Aber wir müssen trotzdem noch viele Zigarettenschachteln sammeln. Wegen dem Silberpapier. Papa spricht viel mit Don Evelio im Komitee, und sie fuchteln immer mit den Händen, weil Don Evelio kein Jiddisch versteht. Filme mit Charlie Chaplin sehe ich am liebsten. Fito auch. Gestern hat Charlie eine Blume vom Boden aufgehoben, aber da war gar keine Blume. Da war nichts. Es war aber eine Blume, weil er sie an die Nase gehalten und daran gerochen hat.

Dann hat er sie aufgegessen, und wir haben uns alle totgelacht.

Das Kino von Don Evelio kostet zwanzig Centavos. Wenn du aber keine zwanzig Centavos hast, lässt er dich auch umsonst zuschauen. Don Evelio sagt, das ist Sozialismus.

Ganz hinten im Hof gab es eine eiserne Treppe, die zu Ramóns Dachkammer hinaufführte. Ramón hieß Ramón Lezcano und baute Häuser. Aber nicht sonntags. Sonntags hat er Eintopf gekocht. Er hat draußen ein Kohlebecken aufgestellt, wie das von Mama für die Leber von Miska, von der wir alle mitessen, aber Mama will nicht, dass ich das erzähle, dann hat er einen Topf daraufgestellt und Fleisch und Wurst und Kartoffeln und Kohl, den ich überhaupt nicht mag, und Kürbis, von allem etwas hineingetan und mich dann zum Essen eingeladen.

Er hat einmal ein Wort zu mir gesagt, das ich mein Leben lang nicht vergessen habe.

Ich hatte mir den Kopf an einer Stange der Straßenbahnhaltestelle angeschlagen, als wir, Fito und ich, von einem Gemüsehändler verjagt wurden, der seinen Stand auf der anderen Straßenseite hatte. Auf dieser Seite hatte Fitos Mama, Doña Catalina, ihren Gemüsestand, den wir verteidigen mussten. Wir sind also zu dem Stand auf der anderen Straßenseite gegangen, haben mit dem Finger auf den Gemüsehändler gezeigt und "Jude! Jude!" gerufen. Deshalb ist er hinter uns hergelaufen, und ich hab mir den Kopf an der Stange angestoßen, die war unheimlich hart, und Mama hat den Gemüsehändler ins Haus geholt, damit er mich mit meiner dicken Schramme im Bett liegen sehen konnte, und hat zu ihm gesagt: "Tut man so etwas? Tut man so etwas einem Kind an?"

Und ich hatte Angst und hab die Augen erst aufgemacht, als er wieder weg war und Mama mir den ekelhaften Essigverband am Kopf gewechselt hat. Ich habe im großen Bett gelegen, das war schneeweiß und hatte ein schneeweißes Federbett, das so dick war, dass man gar nicht raussehen konnte, und das Mama aus Polen mitgebracht hatte.

Und nach der Arbeit hat Ramón mich dann besucht. Er war rappelmager, hatte aber eisenharte Muskeln, und wenn er still war, hat sich nichts an ihm bewegt.

Er sah aus, als wäre er über und über mit Kalkstaub bedeckt, wie der Kürbiskuchen, den Mama mit einem Kalk bestäubte, den mein Bruder und ich aus einem weit entfernten Kalkwerk holen mussten, ungefähr drei Straßen weiter. Ramón schaut mich also an und lacht, aber ganz ernst, und sagt dann:

"Du bist ein richtiger Spießer geworden!"

"Spießer." So hat er mich genannt. "Spießer."

*Die Tage werden immer kälter, und die Blätter fallen von den Bäumen. Meine Brustwarzen fangen vor Kälte an zu bluten. Unterwäsche haben wir schon lange nicht mehr. Wir schneiden ein Stück vom Kleid ab - das ohnehin schon ziemlich kurz ist - und machen uns daraus ein Unterhemd. "Christian Dior", sagt Ruth. Wir sind schon voller Läuse, denn beim ersten Frost sind die Wasserrohre geplatzt, und wir können uns nicht mehr waschen. Mit jedem Tag sind wir schmutziger, magerer, und mit unseren geschorenen Köpfen spüren wir die Kälte besonders stark. "Wie man sich eine Braut in der Hochzeitsnacht vorstellt", sagt Ruth, Die-uns-zum-Lachen-bringt. So nennen wir sie, weißt du? Die-uns-zum-Lachen-bringt. Wenn wir die tägliche Kelle Wassersuppe kriegen, sagt sie: "Kraftbrühe, Mädels. Heute gibt es Kraftbrühe." Sie ist nicht unterzukriegen.*

Mein Papa schreibt Sachen von hier für nach da, und man versteht nichts, weil er lauter kleine Stöckchen aufs Papier malt. León sagt, dass das keine Stöckchen sind und dass die obersten Stöckchen "Mamele" bedeuten, das heisst Mama. Papa hat eine Mama, zu der er "Mamele" sagt. Ich hab sie nie gesehen. Oder doch. Papa hat ein Foto von ihr. Mamele sieht darauf sehr ernst aus, aber so, als ob sie lacht. León sagt, sie lacht, und dass sie ihm Honiggebäck und andere leckere Sachen gemacht hat, und einmal hat sie ihn sogar mitgenommen, damit er zusehen konnte, wie ein Lämmchen geboren wurde. "Ist sie deine Mamele?, habe ich ihn gefragt. Und er sagte, nein, "meine Mamele ist Mama, du Dummkopf, und die Mamele von Papa ist meine Bubele, verstehst du? Und die Bubele ist auch deine Bubele, du hast nämlich zwei Bubeles, genau wie ich, die Mamele von Papa und die Mamele von Mama."

"Ich verstehe alles", sagte ich, weil ich alles genau verstehe. Ich bin überhaupt kein Dummkopf. Mein Bruder hat nur gelacht und gesagt: "Komm, ich zeig dir die Fotos."

Jetzt weiß ich es. Die Bubeles sind die Mameles, die auf einem Foto sind.

*Grete hat uns heute ein Stück Seife gegeben. Es wird dir komisch vorkommen, aber es hat uns Hoffnung gemacht. Vielleicht gibt es noch weitere Extras, eine Kartoffel, ein Paar Strümpfe, was weiß ich. Ich spüre die glatte Oberfläche der Seife in meiner Hand und muss lächeln. Ich denke an eine Dusche, an heißes Wasser, das über meine Schultern rauscht, an Handtücher, saubere Wäsche. Grete geht wieder. Ihr Gang ist militärisch und zugleich weiblich, elegant. Er erfüllt uns ein wenig mit Neid.*

*Als wir die Seife an die Nase heben, um daran zu riechen, sehen wir den Aufdruck. Wir sind so fassungslos, dass niemand ein Wort über die Lippen bringt, nicht einmal ein Stöhnen. Wir können nur weinen, Isaak, leise und still, denn in diesem Augenblick bleiben uns nur die Tränen, die langsam und unaufhörlich über unsere Wangen rinnen, wie ein Trauerzug, während wir das Stück Seife begraben und dabei ein Kaddish flüstern.*

Unser Viertel war riesengroß. Es hatte eine Straße, die von einer Ecke bis zur anderen reichte und auch an unserer Haustür vorbeiführte, das war die Gonzalo

Ramírez Nummer 1395. Nach hinten heraus haben wir alle gewohnt. Die Straße bog nach links ab, und dann konnte man bis zur Apotheke gehen, die an der nächsten Straßenecke lag. "Apotheke Panizzolo" hieß sie, von Anita Panizzolo. Darum hieß die Apotheke so wie die Frau, und einmal habe ich mir bei uns im Haus die Finger in einer Tür eingeklemmt und mir alle Finger gequetscht, und da hab ich geschrien und geweint, und Mama ist mit mir zu der Frau in der Apotheke gegangen, die mich verarztet hat, und Mama hat gesagt: "Warum passt du nicht besser auf ?"

Unterwegs zur Apotheke gab es alles Mögliche zu sehen. Da war das Kino von Don Evelio, der eine Schürze trug, genau wie meine Mama, aber aus Leder, und der in seinem Keller einen Vorhang hatte, hinter dem - das hab ich gesehen - stand ein Bett. Er schläft da nämlich. Das weiß ich. Dann kam der Kohlenhändler, der einen Haufen Kohlen in seiner Wohnung hat, das ist richtig zum Fürchten, weil Fito sagt, dass es in der Hölle genauso ist, alles voller Kohlen, auf denen man geröstet wird. Dann war da noch Lalo, der nicht ganz richtig im Kopf ist und uns immer jagt, und Mama sagt: "Siehst du nicht, dass er krank ist?" Er war nämlich krank und hat uns immer gejagt, weil er verrückt war. Aber Fito und ich sind da vorbeigegangen wie nichts. Die Straße hieß Santiago de Chile, und wenn man um die Ecke bog, war man auf einer anderen Straße und kam zu einer Kneipe, die hieß La Cumparsita, da gab es Betrunkene.

Diese Straße hieß nicht so wie die andere. Nein. Sie hieß Francisco Reduello. Und das ganze Viertel, mit Meer und allem, hieß Palermo.

Im Meer bei uns soll Tarzan ab und zu gebadet haben, ich weiß nicht.

Aber ich will euch jetzt mal erzählen, was es in unserem Haus und um unserem Haus herum alles gegeben hat.

In einem winzigen Zimmerchen hat Wassily Michailtschuk gewohnt, der ein Schiffsbruder von meinem Papa war. Papa sagt, Schiffsbrüder sind die, die zusammen auf dem Schiff gewesen sind, das nach Uruguay gefahren ist. Und hier zahlen alle Miete, aber er zahlt keine. Wassily Michailtschuk zahlt keine Miete, weil er Häuser gebaut hat, wie Ramón, aber das tut er nicht mehr, weil er Spiritus trinkt. Er hatte ein Taschenmesser, mit dem hat er Käse in kleine Würfel geschnitten, und mit der Messerspitze hat er einen Würfel aufgespießt und mir zu essen gegeben. Es gab auch noch andere Leute, an die ich mich nicht mehr erinnere, aber sie fallen mir schon noch wieder ein.

Mein Bruder und ich sind keine Schiffsbrüder, weil er vor mir angekommen ist.

*In dem Kreis, den wir gebildet haben, stehen andere Mädchen, und wir drehen uns um sie im Kreis, immer im Kreis, und ich schließe die Augen, um sie nicht sehen zu müssen, um Ruth nicht sehen zu müssen, Isaak, eine von ihnen ist Ruth. Was soll nur aus uns werden, Isaak? Was soll werden?*

Wenn wir zum Komitee gegangen sind, ist Fito nicht mitgekommen. Fito und ich haben viel geweint, weil sie ihn auf die Italienische Schule schicken wollten und ich nicht mit durfte. Mein Papa hat gesagt, Fitos Papa ist Italiener.

Der Papa von Fito hatte eine Bar gleich neben dem Gemüsestand von Doña Catalina, die seine Frau war. In der Bar von Don Tomás gab es einen geheimnisvollen Keller mit einer Geheimtür, die einen runden Griff aus Silber hatte. Wenn sie aufgemacht wurde, hat Doña Catalina Tische und Stühle davorgestellt, damit wir nicht in das Loch reingucken konnten, und wenn wir es trotzdem versucht haben, hat sie gesagt: "Macht bloß, dass ihr wegkommt!" In dem Loch war etwas Geheimnisvolles, und Don Tomás hinter der Theke hat gelacht und uns zugeblinzelt und gesagt: "Amici, amici, sono amici."

Doña Catalina konnte Tomatensoße für Spaghetti machen, weil sie Italienerin war, und sie hat es Mama auch gezeigt, die ihr dafür gezeigt hat, wie man Honigkuchen macht. Einmal hat Doña Catalina Mama mit zu sich nach Hause genommen, um ihr etwas zu zeigen, und ich bin mitgegangen. Es ging darum, dass sie im Badezimmer so ein Ding hatten, in das sie Spiritus getan haben, wie den, den Wassily Michailtschuk trank, damit wurde das Badewasser gewärmt, und nicht im Kochtopf, wie bei uns.

Meine Mutter hat einen Primus, der auch mit Spiritus geht, der ist blau, ganz schön.

*Diese Briefe werden nie bei dir ankommen, Isaak. Oder sie kommen bei dir an, wenn wir schon nicht mehr sind, dann ist das für uns eine Form, da zu sein.*

*Vielleicht werden diese Briefe von anderen geschrieben. Moishe soll aber wissen, dass sie auch von uns sind, soll wissen, was mit seinen Onkeln und Tanten, seinen Vettern und seinen Großeltern passiert ist. Wir möchten Teil seiner Erinnerung sein, Isaak.*

*Jeder von uns ist jeder und alle anderen. Auch Moishe. Moishe ist er und alle anderen. Moishe ist seine Katze und seine Eltern. Er ist sein Bruder, der sterben wird, und sein Freund Fito. Moishe ist auch wir alle.*

*So ist das.*

Die Bubele von Fito heißt Nona. Er hat sie auch noch nie gesehen, aber er hat ein Foto. Ich habe León gefragt, ob es weh tut, wenn man fotografiert wird. Er sagt nein und lacht. Wenn ich mal groß bin, lasse ich auch ein Foto von mir machen.

*Ich denke an ein Glas Tee. Ich träume von einem Glas mit heißem, dampfendem, bernsteinfarbenem Tee, das die Hände wärmt und den Bauch, Schluck für Schluck. Es ist wie eine Zwangsvorstellung, eine Sinnestäuschung, Isaak. Gibt es wirklich Tee? Aber ich trinke ihn, Isaak, ob du es glaubst oder nicht. Denn die Vorstellungskraft, weißt du, sie ist die einzige Eigenschaft des Menschen, die nicht der elenden Wirklichkeit unterworfen ist. Wie die Asche, verstehst du? Denn hier haben sich ungeheure Mengen Asche angehäuft.*

*Manchmal hüllt der Wind das ganze Lager in eine graue, schwarze Wolke. Wir atmen Asche ein, sie ist in unseren Lungen, in den Poren.*

*Es werden Massengräber ausgehoben, die Leichen mit Benzin übergossen, sie brennen. Brennen und brennen. Asche und noch mehr Asche. So hoch wie die Kohlenberge, vor denen Moishe sich so fürchtet.*

*Aber aus Asche.*

José, der Kohlenhändler, ist immer ganz schmutzig. Seine Frau auch. Wenn Mama mich Kohlen holen schickt, gehe ich nicht, sondern León geht, weil der vor nichts Angst hat. Fito und ich wohl. Weil es da so dunkel ist.

Ich gehe am liebsten zur Schmiede, aber da schickt Mama mich nie hin. "Was brauche ich denn aus einer Schmiede?", fragt sie. Aber ich geh mit Fito trotzdem hin. Da gibt es Pferde, denen sie Nägel in die Füße schlagen, aber sie weinen nicht. Der Schmied packt sich einen Fuß von dem Pferd, und da schlägt er den Nagel rein. Einmal hat er Fito und mir zwei Nägel gebogen, bis sie rund waren wie Ringe. In der Schmiede riecht es verbrannt, weil sie den Pferden ein glühendes Eisen an die Füße schlagen.

Papa sagt, dass alle meine Verwandten im Krieg sind. Fito sagt, seine Verwandten auch. Ich weiß es nicht.

Wenn man irgendwo ist, ist immer was los. Ich weiß aber nicht, wie das ist, wenn man woanders ist. Wenn ich mit Fito und den Anderen zusammen bin, ist jedenfalls immer was los. Wenn wir mit dem Kreisel spielen, gibt es einen, der lässt den Kreisel in seiner Hand tanzen, aber er macht ihm kein Loch in die Hand und fällt auch nicht runter. Wenn wir mit Murmeln spielen, nehmen Fito und ich die ganz dicken, die Don Tomás uns aus den Siphonflaschen gegeben hat. In den Siphonflaschen sind Kugeln, das sind unsere dicken Knicker. Es gibt aber noch eine Menge andere Sachen. Wir zeigen uns zum Beispiel unsere Ringe oder so. Wo wir sind, ist immer was los.

Wenn wir aber nicht wo sind, wenn wir woanders sind, da weiß ich auch nicht, wie das ist.

Vielleicht sagt Mama dann zu uns: "Habt ihr schon eure Milch getrunken?"

*Sie haben die Häftlinge aus Block 2 in unser Lager gebracht. Wir kennen sie schon von ferne, durch den Stacheldraht hindurch. Sie arbeiten in der Munitionsfabrik. Da werden sie im Morgengrauen hingebracht, dann sehen wir sie. Jetzt sind sie bei uns, um bei den Leichen zu helfen.*

*In Block 2 ist das Waffendepot.*

*Und glaub nicht, dass ich den Zuckerwürfel vergessen habe. Nein. Ich zerbeiße ihn, verstehst du, ich beiße auf ihm herum, denn es ist, als hätte ich ihn wirklich im Mund. Ich zerbeiße ihn, und er knirscht vor jedem Schluck, Isaak. Es geht doch nichts über ein Glas heißen Tee. Nein, ganz gewiss nicht.*

*Die bei den Leichen helfen, haben ein paar Kanister Benzin beiseite schaffen können.*

*Die Zeit, Isaak, schleppt sich zermürbend langsam voran.*

In meinem Viertel gab es viele Dinge, die es jetzt nicht mehr gibt, und wenn es sie noch gibt, dann weiß ich nichts davon. Es gab da riesengroße Pferde, die wurden Zuggäule genannt; die gingen immer zu zweit und hatten dicke Haarbüschel an den Füßen. Sie zogen einen Wagen mit Bierfässern; die Lastwagen waren früher Pferdewagen. Sie hielten vor dem Haus von Fito, und dann wurden die Fässer heruntergerollt. Das hat vielleicht einen Lärm gemacht! Fitos Papa hat sie dann hingestellt. Fito und ich haben vom Bürgersteig aus zugeschaut und darauf gewartet, dass die Pferde pinkelten. Die Pferde haben gepinkelt, weil die Fässer so voll waren.

Und wenn das Jahr voll war und ein neues kam, das noch leer war, wurden Lämmer verkauft. Sie waren alle ganz klein und weiß, und sind immer auf dem Gehweg geblieben, weil man sie nicht auf die Straße gelassen hat. Fito und ich durften auch nicht auf die Straße.

Es gibt auch einen Mann, der kommt mit einem Kasten, an dem er mit einer Kurbel dreht, und dann kommt Musik heraus. Er hat einen grünen Wellensittich. Mein Bruder sagt, es ist ein Papagei. Ich weiß es nicht. Die Leute kommen aus dem Haus, um die Musik zu hören. Hinterher geben sie dem Mann was, und dann geht er wieder. Mama sagt, zuhören wollen sie alle wohl, aber vor die Tür setzen sie keinen Fuß, weil sie dann bezahlen müssen. "Warum kommen sie nicht heraus?", sagt sie.

Einmal kam ein anderer Mann mit einem anderen Kasten, aber aus dem kam keine Musik. Meine Mama und Fitos Mama haben uns gewaschen und gekämmt und saubere Sachen angezogen, und dann mussten wir uns vor einer Wand aufstellen, und der Mann hat ein Foto von uns gemacht, das hat kein bisschen weh getan.

Mama hatte einen großen Weidenkorb, in dem sie die schmutzige Wäsche aufbewahrte. Der Deckel von dem Korb war genauso, und wenn er zugemacht wurde, schob man einen Stock durch, dann konnte er nicht mehr aufgemacht werden. Beim Versteckspiel haben wir uns immer darin versteckt. Einmal ist Fito reingeklettert, und ich hab den Stock durchgeschoben und dann vergessen, und Fito kam nicht mehr raus, und Mama hat lautes Geschrei gehört und hat ihn dann gefunden, und Fito hat fürchterlich geheult und gesagt, er will nie mehr zu uns kommen, und dann sind wir nach draußen gegangen und haben Fußball gespielt mit einem Ball, den León mir gemacht hat, und der innen voll mit Papas Zeitungen war, und außen herum mit einem zerrissenen Strumpf von Doña Catalina.

Einmal hat León geweint. Er hat gar nicht mehr aufgehört zu weinen, und ich bin zu ihm gegangen, und er: "Geh weg, geh weg, du kapierst ja doch nichts." Und mein Papa sagte: "Es ist aus, es ist alles aus." Aber ich kapier schon, ich kapier ganz gut. Was aus ist, ist die Mamele von Papa und die Bubele und alles. Es ist aus, und Mama weint noch mehr als León und hält ihn im Arm, und ich gehe die Schuhschachtel holen und gebe sie Mama. Und León wieder: "Geh weg, geh weg, du kapierst doch nichts." Und Papa sagt zu mir: "Geh auf die Straße spielen, geh, spiel mit Fito, Moishele, lass dir Zeit."

Fito und ich sind stinkesauer, weil einer behauptet hat, dass Tarzan gar nicht an unserm Strand badet, da unten, wo unsere Straße ins Wasser geht.

Aber mein Bruder kennt sich aus, und der hat gesagt, dass Tarzan wohl aus unserm Viertel ist.

Ich mag meinen Bruder noch lieber als Miska und als alle andern.

*Um halb fünf Uhr nachmittags waren zwei Schüsse zu hören. Gleich darauf stieg eine gewaltige Feuersäule über den Gaskammern auf.*

*Zwei SS-Männer, die die Bagger fuhren, liegen tot auf der Erde. Wir nehmen ihre Gewehre. Die Ukrainer sind verwirrt, heben die Hände. Wir stürmen zum Stacheldraht, wir schreien.*

*Schreien, einfach schreien, in verschiedenen Tonlagen, immer nur schreien, Isaak, Schreie schreien, die die Luft zerreißen, die unsere Kehlen zerreißen. Zu allererst, vor allen anderen haben wir den verbotenen Schrei befreit, den unterdrückten, eingeäscherten Schrei. Den reinen Schrei, den Schrei ohne Konsonanten, den uralten, den ewigen Schrei.*

*Ewig wie das Schweigen der Götter, Isaak, ist der Schrei der Menschen.*

Fitos Mama nimmt Fito mit in die Kirche, aber er will nicht. Er sagt, der Pfarrer steckt ihn in einen Schrank und fragt ihn, was er alles Schlimmes getan hat.

Der Pfarrer sagt, man darf keine Steine auf die Straßenbahn werfen, weil die Straßenbahn Personen befördert. Ich habe Fito gefragt, woher der Pfarrer das weiß. Und Fito hat mir gesagt, der Pfarrer hätte ihm gesagt, der liebe Gott sieht alles.

"Der liebe Gott sieht alles", hat er gesagt.

"Pah!", haben wir gesagt.

Danach waren Fito und ich irgendwie traurig, aber geweint haben wir nicht.

## II Der Brief

Hier fängt man an zu grübeln, Vater. Man grübelt und grübelt und versucht, sich zu wappnen, so gut es geht, sein Leben zu panzern. Wie warst du, Vater, als ich nicht da war. Was war das für eine Geschichte mit Großvater, Mamas Vater, der einen Hang mit Sauerkirschbäumen pachtete, weil, richtiges Land hatten sie ja nicht, konnten sie nicht haben, weil sie arm waren, Vater, und auch gesetzlich nicht, hast du gesagt. Das Land durfte nur der Pole besitzen und Gott (eine richtige GmbH!), und die Juden konnten pachten oder Schuhe besohlen oder Schneider sein; aber es gab auch andere Möglichkeiten. Motke de Ganef, beispielsweise, Dieb und Zuhälter; oder Sholem Aleichem, der war Schriftsteller, ein schreibender Jude, man konnte also Schuster, Schneider und Schrift-steller sein, und wenn man nichts war, pachtete man was, auf dem Land gearbeitet haben ja alle, die auf dem Dorf wohnten; man hatte seine Kuh, seine Kartoffeln, auf dem Land gearbeitet haben sie alle: der Schuster, der Schneider, der Schriftsteller, alle; und in den Krieg mussten sie auch alle. Und wie war das, was ich immer durcheinander bringe, dass Mama als junges Mädchen auf einen Kirschbaum kletterte und die Kirschen pflückte und/oder aß, und du unten gestanden und ihr Sachen gesagt hast, über die sie lachen musste; sie war ein junges Mädchen, Papa, dieses alte, unendlich traurige Mütterchen, das manchmal zu mir kommt und mich fragt: "Hast du gegessen?", das soll ein junges Mädchen gewesen sein, das lachend im Kirschbaum gesessen hat? Wie konnte das sein, wie kann das sein? Und der Krieg, dieser Krieg und die Kameraden, mit denen du im Winter in das Haus mit den heißen Steinen gegangen bist, um nackt zu schwitzen und sich unter lautem Gelächter mit Zweigen zu schlagen und hinterher habt ihr euch vor einen irdenen Napf voller Wodka gesetzt, billiges Zeug bestimmt, denn eine Marke kann ich mir bei dir nicht vorstellen, Vater, und darin wurde das Schwarzbrot eingetunkt, das ihr gefuttert habt – richtige anonyme Alkoholiker seid ihr gewesen!; und du warst der da, der mit dem strahlenden Gebiss; wie waren deine Zähne, nicht die, die der Zahnklempner dir gemacht hat, der gegenüber wohnte, und dem du für die komplette Tastatur – die ja nie richtig gepasst hat – einen Anzug mit Weste geschneidert hast, der ihm sehr gut gepasst hat, Federico Heller Ritter hat er geheißen. Auf den Fotos von früher lacht nie jemand, Papa, und die, die du mir gezeigt hast – die noch irgendwo in einem Schuhkarton liegen müssen –, waren auch alle ernst: du als Soldat, als Schneider, in Zivil mit Freunden; ernst, immer ernst, aber nie ganz todernst, du warst immer ernst und traurig, und stets dieses knappe Lächeln, wie wenn du dich zu mir gesetzt hast und wir uns unterhalten haben – knapp, immer alles knapp, die Zeit ist knapp – über all den lustigen Unfug, den wir zu Hause gemacht haben, nur darüber, denn über alles andere kann man nicht sprechen, über die Kanarienvögel in dem großen Vogelbauer, denen du buchstäblich den Boden unter den Füßen weggezogen hast, das Leben ist ja so teuer, Papa, aber gut essen sollen sie, und du hast ihnen jeden Tag die Zeitung gewechselt, über die Geschichte mit den Zeitungen im Vogelbauer, wie du ihnen den Boden mit sieben Zeitungsseiten ausgelegt hast, wie die sieben fetten Kühe und die sieben mageren Kühe aus dem Traum des Pharao, den Josef gedeutet hat, sieben, genau wie die sumerischen Teufel, Schneewittchens Zwerge, sieben, sieben Zeitungsblätter, die jeden Tag vollgeschissen wurden, und du hast in der Frühe ein Blatt herausgenommen, dann blieben noch sechs saubere, die wieder vollgeschissen werden konnten, denn sieh dir bloß mal diesen Distelfink mit dem schwarzen Kopf an, was der allein zusammenscheißt, von dem Häher und den ganzen Kanarienvögeln – einer war rot wie eine Möhre –, gar nicht zu reden; der Vogelbauer, Papa, ich sehe ihn noch deutlich vor mir, wie Frau Cantonet ihn dir geschenkt hat, ich erinnere mich genau, ich war noch ein kleines Kind ... ein bisschen größer vielleicht, Mama hatte mir schon bei Introzzi diese lange blaue Hose gekauft, für die ich mich immer geschämt habe; die arme Frau Cantonet war wieder mal verhaftet worden, sie wurde immer abgeholt, sie legte Karten und kurierte Menschen und goss die Blumen mit Weihwasser und wohnte auf der anderen Straßenseite, mit einer großen Mispel vor der Tür, einem riesigen Baum voller Mispeln und voller Flöhe, denen sie nicht mal mit ihrem Weihwasser beikommen konnte, das aus dem Jordan kam, wie sie behauptete; und wie Mama sich um ihre Wohnung gekümmert hat, wenn sie wieder abgeholt worden war, bis sie zurückkam, und eines Tages hat sie dir dann den Vogelbauer geschenkt und mir eine goldene Uhr - oder vergoldet -, die nicht viel besser war als die lange Hose von Introzzi, und Mama sagte: "Warum ziehst du sie nicht an?", aber wie sollte man sich so einen Apparat umbinden, zum Spott seiner Freunde, unmöglich, genau wie dieser blaue Anzug mit der kurzen Hose, mit dem ich sonntags immer ins Metropol gegangen bin, bis eines Tages, und dann nicht mehr, Mama zu Introzzi gegangen ist.

Mir geht es jetzt gut, was man so gut nennt, Vater. Na ja, gut ... Was soll ich dir erzählen! Stell dir vor, ich erinnere mich noch an die andere Wohnung, die in der Gonzalo Ramírez, wenn Mama sich auf das niedrige Bänckchen setzte, das Ramón aus dem Holz gemacht hat, das er von der Baustelle mitgebracht hat, eine kleine Bank, auf der man sitzen und seinen Mate trinken konnte, den Mama immer süß getrunken hat, und mit dem Bänkchen hatte sie alles in Reichweite: Kanne, Zuckerdose, alles, wie eine Königin; und am Sonntag, weißt du, da saß Mama auf dem Bänckchen, aber sie trank keinen

Mate, sondern hatte diesen riesigen Kochtopf mit heißem Wasser vor sich stehen, und eine Schürze, die keine Schürze war, den Lappen haben wir sie immer genannt, und dann das nach allen Regeln geköpfte Huhn - es war ja Sonntag - und das heiße Wasser, es machte die Federn weich, und Mama griff mit einer Hand das Huhn - eine fette Henne, schönes Tier - und mit der anderen Hand riss sie die Federn aus, immer mehrere auf einmal, ganze Büschel, und nur der Kopf blieb, wie er war, den hatte sie für Miska abgeschnitten, genau wie die Füße, die ganz gelb waren, und schwarze Zehennägel hatten sie; und die Katze hat sie zerfetzt, bis von einem Huhn nichts mehr zu erkennen war. Welche Schmerzen das arme Tier gehabt haben muss, stell dir vor, Vater, wie weh das tut, wenn dir was ausgerissen wird.

Und die Kosaken waren wie Barbaren, hast du mir immer erzählt, und einer war mit dem Säbel hinter dir her, und eine polnische Frau hat dich in ihr Haus gezogen, dabei hast du eine Handbewegung gemacht, "so hat sie mich gepackt", und es war wie eine Umarmung, mit der sie dich ins Haus gezerrt hat, und ich habe mir immer den Donkosaken auf seinem Pferd vorgestellt, der mit dem Karabiner auf dem Rücken und dem Säbel in der Hand, gerade als die polnische Frau dich ins Haus zog und die Tür hinter sich ins Schloss warf, mit dem Säbel zuschlug, der ins Türholz fuhr, und der Kosake stieß einen Schrei aus und zog den Säbel wieder heraus und galoppierte mit den anderen weiter, die alle vom Don kamen und von Lenin, aber du hast mir gesagt, von Trotzki, 18/19 war das, Polen gegen Russen, und du hast dich in einem Dickicht versteckt, ich stelle mir ein Maisfeld vor oder eines mit Weizen oder Luzerne oder so, und darin hast du auf der Erde gelegen, und die polnische Frau hat dir Essen gebracht, einen Napf mit geronnener Milch, Schwarzbrot, Rübenkraut, Tage lang. Und was hast du mit dem Gewehr gemacht, und wie war das in dem Schützengraben, als plötzlich ein Flugzeug auftauchte – du hattest noch nie ein Flugzeug gesehen, und da kamen zwei, drei – alle haben sich die Ohren zugehalten, weil sie mit Maschinengewehren schossen, und ihr hattet auch ein Maschinengewehr im Schützengraben, aber ihr habt euch alle die Ohren zugehalten. Kein Mensch wusste ja auch, wofür er kämpfte, aber viele Länder waren gegen die Revolution, und ihr wolltet, dass sie euch verwundeten, aber nur leicht, damit ihr in die Etappe zurückgeschickt wurdet, und einer war bei euch, der hat den Finger vors Maschinengewehr gehalten, als ihr damit geschossen habt, und ist deswegen zurückgeschickt worden, aber ein Schneider war das nicht, hast du mir erzählt, denn der Finger war der, auf dem der Fingerhut sitzt.

Wie war eigentlich das Haus, wo León geboren wurde, Papa; und wie wart ihr beiden, Mama und du, Vater; was habt ihr getrunken, Sauerkirschaufgesetzten und Wodka, oder was; wie war das, wenn gefeiert wurde, waren deine Eltern dabei und die von Mama und die Onkeln und Tanten; was habt ihr dann gegessen, ah, ich weiß, guefilte fish – ich könnte einen ganzen Teller davon verputzen, Vater, vom guefilte fish oder was immer mir vorgesetzt würde, aber hier wird einem nichts vorgesetzt, Vater, doch das ist eine andere Geschichte –; und hat jemand Geige gespielt und Akkordeon, wurde getanzt, hast du da getanzt; Mama nicht, Mama hat mit León im Wochenbett gelegen und hat ihn angeschaut, wie Mamas ihre Neugeborenen anschauen, genauso hat Mama geschaut, ich hab es ja nicht gesehen, stelle es mir nur vor, Vater, und Wiegenlieder auf Jiddisch wird sie ihm vorgesungen haben, welche Lieder?, hat sie mir auch welche vorgesungen?, ich erinnere mich nicht, weiß nicht; und wie war das Bett, ja, es hatte ein ibebet aus Federn, das Mama auf dem Schiff mitgebracht hat, darin konnte man versinken und das war herrlich, es lag auf dem großen Bett, und ich durfte nie hineinspringen, weil es kaputt gehen konnte.

Wann war das, als León nicht mehr León heißen wollte? Das muss in dieser Abendschule gewesen sein, wo man ihn wohl gehänselt hat, und woraufhin er sich Leónel nannte, und ich auch, aber viel später erst, damit er weiterhin bei uns war, obwohl er nicht mehr da war, so als würde ich, Vater, mich heute Isaak nennen.

Und das mit der Geige. Eines Tages hast du mir eine Geige gekauft, meine ich, denn als León geboren wurde, gab es bereits eine Geige, weil Tobías, der Milchmann, Geige spielte. Juden spielen Geige und nicht Klavier, weil man mit leichtem Gepäck lebt, denn wenn du dem Pogrom Fersengeld zahlst, schleppst du kein Klavier mit, dann springst du auf den Karren, und zwischen dem Käfig für die Hühner und der Kommode mit der Bettwäsche holst du die Geige aus dem Kasten und spielst Eili Eili oder die Hatikva, die ich damals spielen konnte, jetzt aber vergessen habe, Papa; und dass du nicht auf die Idee kommst, mir die Geige hierher zu schicken; du nicht, aber Mama, sie kommt auf solche Sachen, fragt mich, ob ich hier fernsehen kann, von ferne etwas hören, vielleicht, Vater, der Rest ist Schweigen; aber trotzdem, ab und zu bleibe ich in der Mitte meiner zwei Quadratmeter stehen, klemme mir die Geige unters Kinn, halte sie, und während die linke Hand die Wirbel einstellt und die Saiten stimmt, gebe ich mit der Rechten – mit dem weißen Haar des Bogens, dem ich einen Strich mit Paraffin verpasst habe, und mit leicht vorgestelltem linken Fuß – den Rhythmus vor, Vater ... doch es kommt immer nur ein Tango dabei heraus, was soll ich machen!

Hast du ein Pferd gehabt, Vater? Nicht so eines wie der Kosak, einfach nur ein Pferd. Ich glaube schon. Und einen Karren. Um dem Pogrom zu entkommen. Denn wenn ihr weder einen Karren noch ein Pferd noch eine Kommode für Bettwäsche gehabt habt, wieso, zum Teufel, erinnere ich mich dann an den mit der Geige zwischen dem Hühnerkäfig und dem Fass mit Salzgurken für unterwegs, denn so eine Flucht, eine Emigration, dauert lange, Vater. Also frage ich dich: Wie hat das Pferd geheißen?

Dann war da noch das Radio. Das wird nicht angerührt. Es stand in der Werkstatt, und die polnisch-israelitische Stunde, und Jeibu Katz, "Holzauge sei wachsam", ich habe nie erfahren, was du an Mercedes Simone gefunden hast, ob du etwas verstanden hast oder nur ihre Stimme; ich weiß es nicht! Aber das Radio war da und stand in der Werkstatt, während Mama in der Küche stand und weinte, Fleisch in kleine Stücke schnitt und weinte, den Schuhschrank aufmachte und über Leóns Schuhe strich und weinte; und um neun Uhr wurde alles ausgemacht und alle ins Bett, und ich in Leóns Bett und in euer Schlafzimmer, weil das andere untervermietet wurde, um die Miete zahlen zu können, dort wohnte Zulma, die auf den Strich ging, wovon Mama nichts wusste, und du hast es auch nicht gewusst, und was gab es für einen Aufstand, wenn sie sich, wenn das Stadion zu Ende war, geschminkt und mit einer Flasche Bier in der Hand vor die Haustür setzte und Freunde mit aufs Zimmer nahm, und Mama wollte das natürlich nicht; aber ich wollte dir sagen, dass um Neun immer Schluss mit allem war, nur mit mir nicht, ich war ein Junge, Papa, ich habe dann noch keinen Schluss gemacht; habt ihr nie darüber gesprochen?, nie gesagt: "Was macht wohl der arme Moishe, um neun Uhr schon im Bett?" Ich erzähle dir das, weil es hier immer neun Uhr ist, Papa. Nur ohne Bett.

An Samstagabenden sah man überall im Haus die Vollmonde; sie waren zart und rund und spreizten sich mit Mehl bestäubt, und am Sonntag waren es dann ganz viele, wenn Mama eine lange Wurst aus ihnen machte und tack tack tack wie eine Nähmaschine davon abschnippelte, so dass Bandnudeln daraus wurden, die sie mit beiden Händen hochhob, als wollte sie sie lüften, entwirren, als Gabe an Jehova reichen - der nie erschienen ist - derweil im Topf der gespickte Braten einen Schwapp heißen Wassers nach dem andern verschlang, das Mama der Soße beigab, und das ging drei, vier Stunden lang, damit Papa immer sagen konnte: "Es zergeht einem auf der Zunge", weil anders, Vater, mit den Beißern von Federico Heller Ritter wärst du nicht weit gekommen. So war das Leben, um zwölf am Mittagstisch, die Familie zu Dritt, wir waren drei, drei, drei, drei, in Polen war niemand drei, León war nicht mehr da - Leónel - und gegessen wurde um zwölf. Zu Dritt.

Der von damals bin ich jetzt nicht mehr, Vater. Aber ich musste dir das alles erzählen, damit du weißt, dass ich es bin, der jetzt zu dir spricht. Denn als sie dir den ersten Besuch gestatteten, von wegen der Beschuldigungen, erinnerst du dich?, damit du sehen konntest, ihr sehen konntet, dass ich auch ich war und stehen konnte und der Leutnant sagte: "Hier ist Ihr Sohn, Sie haben zehn Minuten", da hast du mich angestarrt und gesagt: "Das ist nicht mein Sohn, wo ist mein Sohn?", und sie ließen dich mir gegenüber am Tisch Platz nehmen, und ich erzählte dir, erzählte mir, erzählte dir das mit Mamas Bandnudeln und im Bett mit León und von dem Haus, in dem wir gewohnt haben, und dass ich Moishe war, Papa, ein bisschen erschöpft, aber Moishe, und dass die Katze Miska geheißen hat, nur nach Fito habe ich nicht gefragt, damit sie mich hinterher nicht fragten, wer ist dieser Fito, welcher Gruppierung gehört er an, aber von Mama habe ich dir erzählt, denn dass sie die Mama ist, das wissen sie, und von den Sonntagen auf dem Friedhof, wenn wir mit dem Autobus nach La Paz gefahren sind und nie ein Wort gesprochen wurde, wir haben nie gesprochen, Papa, und wenn wir ankamen, hast du dir und mir ein Käppchen aufgesetzt und dann sind wir zu Leóns Grab gegangen und Mama hat laut geweint und den Kopf gegen den Grabstein aus Granit gestoßen und sich mit den Fäusten an den Kopf geschlagen, und du hast lautlos geweint genau wie jetzt, weil du weißt, das ich ich bin und die zehn Minuten zu Ende sind.

Ich habe dann das Bett von León gekriegt, in dem ich ihn zum letzten Mal eines Morgens gesehen habe, als man mich aus dem Haus gebracht hat, da lag er zusammengerollt und mit dem Rücken zu mir, schaute auf die Wand in seinem Meningitisfieber, das als Grippe diagnostiziert worden war. Geblieben ist mir sein Bett, das etwas Bronzenes am Kopfende hatte, zwei Engel aus Antimon, mit ausgebreiteten Flügeln und langen Beinen wie bei einem Ballettsprung, die sich an den Händen hielten; aber wozu?, frage ich mich. Wozu?

Es war laut, Papa, die Sprungfedern machten einen Riesenlärm, und manchmal wartete man, bis die 23 der Hinfahrt und die 18 der Rückfahrt vorbeifuhren und das Rattern der Straßenbahn das Quietschen der Sprungfedern übertönte. Das machte schon einen gehörigen Lärm, Vater, wenn sie vor dem Haus vorbeifuhren und der Fahrer aufs Pedal trat und die Klingel schrillte, weil da beschleunigt wurde.

Und ich wohnte bei euch im Zimmer, weil in dem anderen die Werkstatt war, im nächsten wohnte Zulma, und Mondiola in der Dachkammer; und ich bei euch, immer mit der Hand in der Hose und die Schamhaare befummelt, ob sie schon ein bisschen gewachsen waren, man wollte ja ein ganzer Mann sein, wie die an der Theke, aber man konnte sich mit der Hand abarbeiten wie man wollte, da kam nichts, keine Chance, bis zu jener Nacht, in der ich dich aufgeweckt habe oder das Schütteln dich geweckt hat – das nicht als das Rattern der 23 durchging – und du: "Tut man das, tut man das?", und Mama, die Ärmste, leitet am andern Tag den Umzug in die Wege, richtet das Ankleidezimmer her, ihr habt den riesigen Kleiderschrank mit Glas und voller Kleidungsstücke verrückt, und zwischen dem Schrank und der Wand hatte ich dann mein eigenes Zimmer, Papa, mit Blick auf die Singer, aber was eigenes, Vater, und da konnte ich dann richtig loslegen, bis es endlich spritzte und alles nur noch schlimmer machte, weil es Flecken gab, woraufhin ich Zeitschriften und alte Zeitungen mitbrachte, um die Spritzer aufzufangen. Das war noch Leben, Papa, nicht wie hier, wo sogar das Lesen verboten ist.

Die Werkstatt hatte einen Balkon wie von weißem Marmor oder aus weißem Marmor. Ihm fehlten ein paar Zähne, ich glaube, zwei, und einer war locker, an dem habe ich immer gerüttelt, aber nur so zum Schein, und du, Vater, hast natürlich geschimpft: "Ja, mach nur weiter, hinterher kannst du es bezahlen". Dein und euer aller Stolz war die Art, wie *Miska*, getigert, ganz hochherrschaftliche Dame, auf dem weißen Geländer thronte, auf dem, das noch unversehrt und vollständig war. *Miska* schlug die Vorderpfoten ein und schaute wie eine ägyptische Gottheit nach draußen. Und du am Tisch mit diesem riesigen Bügeleisen in der Hand, mit dem ich León Krafttrainig machen gesehen hatte (er hob es bis in den Nacken, um seine Muskeln zu kräftigen), und mit dem Maßband um den Hals, stolz, als wäre es die Insignie eines Großmeisters oder Kardinals, obwohl dieser letzte Vergleich nicht nach deinem Geschmack gewesen wäre. Du hast schon nicht mehr nach draußen geschaut, nicht mehr auf den Briefträger gewartet, weil der in deinem Leben nicht mehr existierte, für dich war das ein überflüssiger, nutzloser Beruf, du hast ihn nicht einmal mehr gegrüßt, oder doch, aber nur flüchtig, als wäre er irgendeiner, als du plötzlich "Don Isaak" hörtest und ohne Erwartung, gleichgültig, zum Balkon geschaut hast und Sacucho, unser Briefträger, dir durch die Lücke, wo die beiden Pfeiler des Balkongeländers fehlten, einen Umschlag hinaufreichte: "Ein Brief, Don Isaak."

Mama war in der Küche und rieb Kartoffeln. Mit geriebenen Kartoffeln und Zwiebeln konnte Mama dir in der "Ratsche", wie sie sie nannte, eine Tortilla aus Erbsenmehl oder ein lactelej machen, das sind für den, der es nicht weiß, flache, gebackene Windbeutel aus Kartoffeln und Zwiebeln, aber in Jiddisch. Mama goss die Pflanzen ganz früh morgens, wenn Papa den Kanarienvögeln die Lektüre wechselte, sie goss die Pflanzen und sprach mit ihnen oder sprach mit sich selbst, als spräche sie mit den Blumen, riss das eine oder andere verdorrte Blatt vom Stengel. Wenn es regnete, war der Innenhof, der ein Glasdach hatte, kein festes, es konnte aufgeschoben werden, war aber schon alt und zugerostet, war also zu und nicht zu bewegen; wenn es dann regnete, gab es im Innenhof einen ziemlichen Aufruhr. Nicht nur, weil Wasser durch die spröden und abgebröckelten Fensterfugen drang, die andauernd ausgebessert werden mussten, sondern weil Mama Papa in den Patio schleifte, damit er, Papa, weil Mama das nicht konnte, die Blechdosen und Blumentöpfe von vierzig Pflanzen nach draußen schleppte und auf den Gehweg stellte, denn Mutter wusste genau, dass Gießen gut, Regen aber besser ist, und die Pflanzen das Regenwasser brauchen; eine verfluchte Arbeit war das, bis sie genug abbekommen hatten, und dann konnte Vater, schnell, schnell, damit er nicht bis auf die Haut nass wurde, das eingetopfte Wäldchen wieder hereinbringen, das Freude in den Innenhof eines Hauses brachte, in dem die Freude durch das ganze Grün und den Vogelbauer kam. Und jetzt rieb Mama Kartoffeln. Fast bis an die Finger. Ungerieben blieb bloß eine kleine Kappe, die sie ich weiß nicht wo ließ, aber weggeworfen wurde sie nie, genau wie Mamas Gedanken beim Kartoffelreiben, die gingen auch nicht verloren, aber ich habe auch nie erfahren, wo sie blieben. Bei León auf jeden Fall, beim Kirschbaum aus der Kinderzeit vielleicht, aber nie bei einem Kleid oder einem Fest, vermute ich; und gelegentlich dachte sie sich wohl auch einmal eine Zahl aus oder merkte sich eine, um, wenn der Losverkäufer vorbeikam, ihr Glück mit einem Doppellos zu versuchen. So stand sie da und rieb die Kartoffeln ganz fein auf der Reibe, die Gedanken in weiter Ferne, als sie plötzlich erschreckt zusammenfuhr, alarmiert und verwirrt von dem Schrei "ROSA!", der die Stille des Innenhofs zerriss, die Pflanzen erbeben ließ und die Kanarienvögel erschütterte. Papas Unterlippe zitterte, als er, von der Werkstatt aus, Mama ein rechteckiges Stück Papier mit einer Briefmarke darauf zeigte, das er beinah furchtsam in Händen hielt, noch ungeöffnet, unversehrt, lebendig, mit Schwingen bestückt und vielleicht einem Schweif hintendran. Seine Stimme, die Stimme von Vater, der seine ganze Welt in dem "ROSA!" hinausgeschrien hatte, brachte von der Tür seiner Werkstatt her kaum einen Laut über die Lippen, als er Mama – eine Kartoffel in der erhobenen Hand – zuflüsterte: "Ein Brief ..., es ist ein Brief gekommen."

Und warum schreibe ich dir das heute alles, Vater? Ich weiß nicht. Vielleicht um dir mitzuteilen, an was ich mich erinnere, damit du siehst, wie wenig ich weiß, dass ich mehr wissen will, dass ich mehr Erinnerungen will, mehr von deiner, erzähl doch mal, wir müssen miteinander sprechen. Warum haben wir so wenig miteinander gesprochen? Warum bin ich nie auf den Gedanken gekommen, zu sagen: "Vater, unterhalten wir uns ein bisschen?" Wir hatten keine gemeinsame Sprache, Vater, natürlich nicht. Du konntest keine Unterhaltung auf Spanisch führen, und mein Jiddisch war auf wenige Wörter beschränkt. Aber trotzdem, Vater ... Zu Dritt am Tisch wurde nie gesprochen, ich sprach immer nur zu mir selbst, gestikulierte, diskutierte, mit wem? und Mama sagte zu mir: "Mit wem sprichst du?", und du hast mir vorgeworfen, dass ich nie etwas erzählte, und hast deine Suppe immer sehr heiß gegessen, und Mama fragte höchstens ein "Willst du noch? Willst du noch etwas Heißes?" dazwischen. Und heute, stell dir vor, was du mir alles hättest erzählen können, aber vielleicht war dir das nicht so wichtig, oder es war dir nicht wichtig, weil es mir nicht wichtig war; aber jetzt wohl, erzähl mir was. Erzähl mir, wie du dich in Mama verliebt hast, in deine anderen Freundinnen - hattest du welche? -, von dem Schiff, mit dem du herübergekommen bist, von deinen Liedern - welche Lieder hast du gesungen? Ich habe dich nie gehört. Ich habe dich nie singen gehört, und dabei mochtest du doch Jeibu Katz und Mercedes Simone.

Adela, die weiß, wie sich ihre Eltern in Polen kennengelernt haben. Sie kamen nicht aus unserem Dorf, Papa, aber aus einem ähnlichen; der alte Jakup ist ein cuenteñik, clapper. Und einmal, als er Adela und mich Hand in Hand auf der Straße sah, da hat er sich versteckt, weil er mit wollenen Bettdecken beladen war, die er auf Ratenzahlung verkaufte und sich schämte; aber Adela sah ihn und rannte hinter ihm her: "Ich hab dich gesehen, ich hab dich gesehen, Papa, Papa!" Sie schämte sich nämlich nicht und wollte, dass er sich auch nicht schämte, doch nicht dort, warum auch. Als der alte Jakup 1930 nach Uruguay kam, da sah er überall rote Fahnen aus Fenstern und von Balkonen; also schrieb er an seine Geschwister, an seine Freunde: "Kommt alle hierher, hier hat der Sozialismus gesiegt." Hinterher hat er erfahren, dass es das Fest zum hundertsten Jahrestag der Verfassung gewesen war, und die Fahnen waren die Parteifahnen der Colorados. Der alte Jakup hat geschrieben, Papa, er hatte einen ganzen Koffer voller Geschichten; aber bei einem Umzug hat er sie alle verloren, ich weiß nicht mehr, oder es war eine Tasche und er hatte noch andere und fuhr mit dem Zug und hat sie da liegenlassen, ich weiß nicht. Aber er hat sie alle verloren und danach nicht mehr geschrieben, er wollte danach nicht mehr schreiben. Nur einmal noch hat er geschrieben, als Unzer Fraint, das war deine Zeitung, eine linke Zeitung von armen Juden, ihn zum Jahrestag um eine Erzählung gebeten hat. Tja, er war zwar cuenteñick und Schriftsteller, und als er ankam, hat er Fische verkauft, aber es ging ihm nicht gut, denn Kleidung kann man aufbewahren, aber ein Fisch ist nach einem Tag nicht mehr zu gebrauchen. Adela erzählte mir, dass sie zu Hause immer viel Fisch gegessen haben – was hätte ich jetzt Lust, Papa, wieder einmal guefilte fish zu essen. Jedenfalls hat Jakup seiner Tochter erzählt, er sei noch sehr jung gewesen, und Adelas Mama auch, damals in Polen, und sie hätten sich nur im Dunkeln gesehen, aber immer in Begleitung der älteren Schwester von Adelas Mama, die eine Laterne dabei hatte, und dann sind sie zu einer Scheune gegangen, wo sie aber nichts gemacht haben. Jakup hat ihr nur Gedichte vorgelesen, die er für sie geschrieben hatte, für seine Braut, Adelas Mama. Und du, was hast du Mama so erzählt? Hast du sie zum Lachen gebracht? Über was habt ihr euch unterhalten? Ich weiß nur, Vater, dass du unter dem Kirschbaum gestanden hast, und Mama im Baum hat gepflückt und gegessen und gelacht. Wie war eigentlich Mamas Lachen?

Und jetzt hier, Vater, wo die Welt drei kurze Schritt lang ist, dann eine Kehrtwendung und wieder drei Schritte, doch davon erzähle ich dir lieber nichts, wozu auch. Aber das ist meine Welt, zwei mal einen Meter ohne

Licht ohne Buch ohne ein Gesicht ohne Sonne ohne Wasser ohne ohne, und ich schreibe dir; aber nicht davon, das geht nur mich was an, das ertrage ich Monate, Jahre, Jahre, Jahre, so viele Jahre, und wir müssen über all das sprechen, worüber wir nie gesprochen haben, von heute und von früher, und wie das Fest war, das zu Leóns Geburt im Dorf veranstaltet wurde, und wie er geschrien hat, als man ihm den Pimmel beschnitten hat, oder ob er gar nicht geweint hat, weil er der Beste von allen war, denn das weiß ich genau, und alle anderen auch, Mama wusste es, sie fühlte es, und ich fühlte, dass Mama es fühlte, und wenn León mit uns Drei am Tisch gesessen hätte, dann hätte er sich mit dir, mit Mama und mit mir unterhalten, denn León unterhielt sich mit mir, nahm mich mit zum Ramírez-Strand, zum Rodó-Park - das Karussellpferdchen hieß Tarzan - und sammelte Figürchen für mich, und ich hatte einen großen Bruder, der der Beste war und der mir Jiddisch beigebracht hätte, und dir und Mama hätte er noch mehr Spanisch beigebracht und was weiß ich noch alles, und das erzähle ich dir heute, Vater, denn heute wird mir klar, dass ich damals dasselbe empfunden habe wie heute: Trauer.

Ein Brief, heute, ist nicht wie früher. Es ist nicht das selbe. Hier wohl. Hier begreift man, was früher ein Brief war: Papier, Füller, Umschlag, Zeit für mühsames Schreiben. Alles. In einen Brief kam alles. Von den Eiern der roten Henne bis zu Miriams Schwangerschaft, und du kannst dir nicht vorstellen, wie es hier geregnet hat, alles. Und dann der Wagen, der vom Hof - oder wie zum Teufel heißt das in Polen - ins Dörfchen fährt, wo der Barbier oder der Hotelier die Briefe in den Sack steckt, der jeden Donnerstag von der Klapperkiste oder der Postkutsche abgeholt wurde, und man an die Westernfilme denkt, in denen der Ponyreiter wie der Wind dahinfliegt und der Junge die Hand ausstreckt "Da kommt die Post!" und der

Reiter grüßte, ohne den Fuß vom Gaspedal zu nehmen, und die Satteltaschen mit den Briefen schlugen an die Flanken des Pferdes, das in einer Staubfahne hinter den Felsen verschwand. Danach die Hauptpost, und von dort zum Sortieren per Hand, Handarbeit, Austragen, Empfänger meistens verzogen, oder aufs Schiff und in den Laderaum und aufs Meer hinaus, den Eisbergen ausweichen - stell ich mir vor - oder den U-Booten der Achsenmächte oder entgegenkommenden Handelsschif-fen und dann endlich der Hafen. Und da das selbe, bloß umgekehrt, und das geografische Durcheinander beim Ausladen: "Der Sack hier ist für hier", "Nein, der nicht, Argentinien ist gegenüber, der ist für Paraguay". Darum war jeder Brief, der ankam, allein aufgrund der Tatsache, dass er angekommen war, ein Ereignis. Ihn zu öffnen war eine andere Geschichte. Hier versteht man die Briefe von früher. Man versteht dich, Vater, das kommt-er-kommt-ernicht, was bringt er, was Gutes, ist was passiert; aber egal was es war, einen Brief kriegen war ein Ereignis, das den ganzen Tag adelte, und manchmal, oft, unendlich viel mehr. Zumindest Gesprächsstoff über Tage, Anekdoten, Namen, Orte, die Erinnerungen weckten, andere Erinnerungen, schlafende, die auf das Zauberwort warteten, um den Hang mit den Kirschbäumen oder den eingefetteten Schlitten, den du im Heuschober untergestellt hattest, auf den Bildschirm der Erinnerung zurückzuholen, falls du einen Schlitten und einen Heuschober besessen hast, Papa. Dass es in deinem Dorf ein Kino gab, vermute ich, weil du mir einmal von einem Komikerpaar erzählt hast - Pat und Patachon - und von Tom Mix, der einen kleinen Spiegel an seinem Cowboyhut befestigt hatte, damit er sehen konnte, wer von hinten kam, ein Cowboy mit Rückspiegel sozusagen. Dann die Geschichte mit den "Einschreiben", die gelegen oder ungelegen kamen, jedenfalls immer später, und eingeschrieben, aber wo rein? "Hier, pass gut auf, er ist eingeschrieben". Und zu den

Feiertagen erst, wenn der Briefträger sich an dem ganzen Papier einen Bruch hob, aber frei hatte, wenn die Post verteilt war, und jede Sturmböe, die ihn traf, war eine Versuchung, der er immer mal wieder erlag, und dann war es vorbei mit dem Postaustragen, und die Einschreiben konnte man im Rinnstein suchen. Ich versteh dich also, Vater, ich erlebe es hier selbst; im Jenseits der Mauern gibt es Fax, Telefon, e-mail, das Flugzeug braucht einen halben Tag ohne Zwischenlandungen, dann hast du ihn in der Hand. Der Brief, draußen, heute, ist das Geringste. Hier drinnen das Größte. Sie erlauben dir alle vierzehn Tage einen, eine Seite, Druckschrift, da kannst du nicht mehr schreiben, als dass alles gut ist: die Gesundheit, das Wetter, Mama; und keine Namen nennen, so als ob du weder Freunde noch Nachbarn hättest – keine Angehörigen, soviel weiß ich –, aber die Leute aus dem Viertel sind da, in den ungeschriebenen, immer wieder durchgestrichenen Zeilen. Und trotzdem, Papa, ist dieses einzelne Blatt mit den paar Sätzen darauf ein frischer Windhauch, ein Vogel, der mit den Flügeln flattert, vertraut, der sich in meinen Händen niederlässt und in den Pupillen tanzt und mir einen Ersatz für das Papier gibt, wenn das letzte Zettelchen einmal aufgebraucht sein wird.

Mama trocknete sich die Hände an der Schürze ab, merkte dann aber, dass das nicht reichte, und ging sie sich waschen und "Für wen ist er?" Als Papa "Rosa!" geschrien hatte, wollte er sie nicht rufen, sondern nur schreien, einen Namen hinausschreien, den es gab, der anwesend war, so wie Mama auf dem Friedhof von La Paz "León!" schrie, damit, indem sie den Namen rief, der Angerufene anwesend sei, denn Mensch ist man mit einem Namen, und ein Name ohne den dazugehörigen Menschen ist ein leeres Nichts, und wenn man sich jemanden in Erinnerung ruft, dann ruft man einen Namen, und wenn man einen vermisst, schreit man einen Namen, und Papa schrie mit "Rosa!" alle Namen hinaus, die nicht mehr da sind, die ihm fehlen, die uns fehlen, Namen, die das Kartoffelreiben unterbrächen, das Besohlen eines Schuhs, das Melken, die Flickarbeit, das Abwaschen der Kirschen vor dem Destillieren. Mamas Name war der Name von allen: von Brüdern und Schwestern, Mamele und Tatele, Bubeles und Neffen und Nichten, sie alle konnten in dem Brief stehen, den Vater behutsam und ängstlich in Händen hielt, wie wenn er behutsam, aber entschlossen, einen Kanarienvogel aus dem Käfig holte, der ein zartes Weibchen zerfledderte, das uns eine Nachbarin zum Kreuzen dagelassen hatte und den er nicht verletzen wollte, der ihm aber auch nicht davonfliegen sollte, so dass er nur noch die Ahnung eines Vogels in der Hand behielte, die Ahnung eines Briefes, der ihm entfliehen, wieder in Sacuchos dunklen Sack schlüpfen konnte und von dort auf das zurückfahrende Schiff. Da merkte Mama, dass sie auch den Tisch abwischen musste, und sie wischte den Tisch ab, und Papa stand, als er ihren Namen rief, neben der Küchentür am Esstisch, mit seiner Maßbandstola um den Hals, Hohepriester der Nähnadel, tapferes Schneiderlein, den Brief in der Hand, Brille auf der Nase und Tränen in den Augen.

Ich habe es dir nie gesagt, Papa, aber es wird allmählich Zeit, dass du es erfährst: du warst der Held der Kindergeschichten, die ich meiner kleinen Tochter erzählt habe, bevor ich für immer aufhörte, sie als kleines Mädchen zu sehen. Deiner einzigen Enkelin, Papa, die Mama gern Esther genannt wissen wollte, nach ihrer Mutter, meiner unbekannten Bubele, die ich nur von den unscharfen Fotos in meiner Erinnerung kenne, und die, wie die Erinnerung, in einer Schuhschachtel ruhte. Und heute freue ich mich über diesen Namen, Vater, viel mehr, als zu der Zeit, da ich ihn ihr gab, denn jetzt weiß ich, dass ich eine Großmutter habe/hatte, eine Bubele, die Esther hieß. Esther also, die Kleine, bekam große Augen und sperrte ihr Mündchen auf, wenn ich ihr die Abenteuer des tapferen Schneiderleins erzählte, das mit aufgepflanzter Nadel seinen Feinden entgegentrat, den bösen Riesen und Drachen mit SS-Armbinden, die du furchtlos in die Flucht geschlagen hast, denen du furchtlos die Stirn geboten hast, ohne einen anderen Schild als deinen unbezwingbaren Fingerhut, ohne dich auf die schwere Artillerie der dicken Schere zu verlassen, die man unmöglich in der Hand halten konnte, und die du mit einer Schneide auf den Tisch gelegt hast, und die andere bäumte sich auf wie der schreckliche Rachen eines vorzeitlichen Ungeheuers, scharf, schneidend, entschlossen auf unserer Seite. Die Scheren waren immer auf unserer Seite, kämpften immer auf unserer Seite, in deinen Händen siegten sie immer, Papa, und wenn du sie vernichtet hast, dann immer mit Respekt, niemals ein ieke pots, Papa, wie zu versichern du nie müde geworden bist. Dann kam der Moment, da die verborgene Identität des Helden gelüftet, seine wahre Persönlichkeit zum Vorschein gebracht wurde, in den eigenen vier Wänden gewissermaßen, so wie es mit allen Maskenmännern geschah oder geschehen musste, mit dem maskierten Reiter, Phantomas, Batman und Zorro, Vater; und so endete jede Geschichte mit ... "Und das tapfere Schneiderlein war kein anderer als ... Opa Isaak!", worauf die kleine Esther schon die ganze Zeit gewartet hatte. Und dann freute sich meine Tochter, und die Enthüllung war ihr mehr wert als die ganze Geschichte, und so ging es jedes Mal, da sie voller Erregung auf ein Ende wartete, das sie von Anfang an kannte, und unter aufgeregtem Milchzahngekicher rief sie dann immer: "Es war Großvater, es war Großvater"; Großvater Isaak, Papa, tapferes Schneiderlein, Mitglied in der Nähnadelgewerkschaft, wonach du immer hinzugefügt hast, selbst als es sie schon gar nicht mehr gab, "Untergruppe der UGT". Und manchmal, wenn Esther fragte: "Und Großmutter?", nahm die Geschichte noch eine weitere Wendung, weil ich ihr sagte, klar, Großmutter war auch dabei, denn SS hieß ja Schmutzige Schufte, und Großmutter hielt immer einen Eimer Wasser und einen Schrubber bereit, um die Schmutzigen Schufte aus dem Haus zu spülen, damit sie sich bis zur nächsten Geschichte nicht mehr blicken ließen.

Zuhause gab es immer einen Kampf, Papa: den Kampf ums Klo. Das Klo stand in enger Verbindung mit dem einzigen Scherz, der mir von dir in Erinnerung geblieben ist. Jedes Mal, wenn du mit einer alten Seite aus Unzer Fraint losgegangen bist, hast du gesagt: "Ich geh Hitler einen Brief schreiben." Dein Briefwechsel mit ihm, Vater, war äußerst fruchtbar. Aber der Kampf meiner Erinnerung geht nicht in diese Richtung. Für die Hygiene hatten wir an einem gebogenen Draht, der an dem Rohr des Wasserkastens befestigt war, alte Zeitungsseiten aufgespießt, die letzten Endes dasselbe Schicksal erwartete wie jene, die für den Vogelbauer bestimmt waren. Ich hatte meine Schwierigkeiten damit, und Mama, die mich darin bestärkte, was wohl ihre Art war, mich zu verhätscheln, hielt ausschließlich für meinen persönlichen Gebrauch (ich glaube aber auch für ihren eigenen) das weiche Einpackpapier bereit, das für Zucker und für lose Mateblätter benutzt wurde, und auch das blütenweiße Papier aus der Bäckerei, das wohl zum Feinsten gehörte, was es gab. Einmal bin ich auf dem Heimweg von der Schule bei Juan vorbei gegangen, weil ich ihn zum Fußballspielen mit meinem roten Gummiball abholen wollte. Das Haus, in dem er wohnte, war unglaublich luxuriös, und er badete gerade, und seine Mutter sagte zu mir: "Juan badet gerade, geh ruhig hinauf", und ich ging über eine Marmortreppe nach oben, ich hielt es jedenfalls für eine Marmortreppe, die in ein rechteckiges Zimmer führte, und dann kam noch ein Stück, und dann befand ich mich in dem Klo von Juan, das riesig war, wie im Film, und er trocknete sich gerade ab. An der Wand entdeckte ich eine runde Rolle, die ich mit dem Finger berührte und ein Stück abrollte, und Juan sagte: "Lass die Finger davon", und ich: "Was ist das?", und Juan: "Um sich den Hintern abzuputzen, du Trottel". So habe ich das Klopapier kennengelernt, Papa, und wollte, dass wir es bei uns zu Hause ebenfalls hatten, aber du immer nur, nein, und Mama, "Ach komm, für den Kleinen", bis schließlich die Rolle an dem selben Draht wie Unzer Fraint hing, und du mir erklärt hast, wie man davon abreissen muss, "das kostet schließlich Geld". Und wenn sie mich hier mal aufs Klo lassen, Vater (wenn, wohlgemerkt), was gäbe ich da für einen Fetzen Zeitungspapier, auf dem ich vielleicht eine Meldung entziffern könnte, und wenn mir mal einer unter die Augen kommt, Papa, den die Wachen irgendwo liegengelassen haben und ich im Vorbeigehen einen Satz aufschnappen kann, der mir natürlich nichts bringt, weil hier jede Meldung gleich beschissen ist, dann denke ich an dich, Vater, an deinen Spruch auf dem Weg zum Klo, und lächle, Papa, lächle dir zu.

"Für wen ist er", fragte Mama wieder, als sie den Tisch abgewischt hatte und sich die schon abgetrockneten Hände an der Schürze abtrocknete. "Für wen ist er", im Tonfall einer Frage, die aber dennoch keine ist. "Für wen ist er", in einem ungläubigen, furchtsamen, zornigen Ton, der auch etwas nach Verhör klingt, Papa, einem Verhör des Lebens vielleicht, des Schicksals, dieses erbärmlichen Gottes, der alles genommen und nichts gegeben hatte und rein zum Spaß Drohungen ausstieß, denn um all das zu tun, was er getan hat, hätte er sich die Drohungen erspart, weil Drohung immer einen winzigen Spalt für Hoffnung lässt, "Wenn du nicht brav bist, töte ich dich", bleibt dir die Möglichkeit, brav zu sein, "Und wenn ihr euch nicht an die Gebote haltet und den Herrn fürchtet, schicke ich die große Flut und lasse Sodom untergehen". Du hast dich an die Gebote gehalten und dir die Sündflut und die Seuchen und das Erdbeben erspart. Hier aber nicht, hier hat er dem Erwählten Volk keine Verschnaufpause gegönnt, hat es ausgelöscht, ausradiert im Namen von nichts, einfach so; und Mama stand da und wusste nicht, was anfangen mit ihren Händen, die den Teig kneten konnten wie keine sonst, die nie still sein konnten, die wischten und kochten und in der Werkstatt die Jackenaufschläge abklopften, und fragte "Für wen ist er", für wen ist er, mein Gott, ich will wissen, ob Mama lebt, ob Papa lebt, ob irgendetwas lebt, irgendwer, ein Bruder, was weiß ich. Ich war da, Papa, und doch nicht da. Weder in deinen, noch in Mamas Augen war ich da. Ich war nicht da, als ihr leise und heftig Jiddisch gesprochen habt, schnell und stoßweise; da war ich nicht da. Es war etwas da, isoliert durch Wellen von einer Intensität, die nicht zu mir durchdrangen, ich war auf der anderen Seite, draußen, Papa, und da drinnen passierte etwas und ich war nicht da und doch war ich da. Aber jetzt. Aber jetzt, Papa. Jetzt bin ich da.

Und hier, Vater, stell dir vor, da kremple ich mir die Hosenbeine hoch, um zu sehen, wo Mamas Küken geblieben ist. Denn "eben kommt mir", wie du immer gesagt hast, wenn dir etwas eingefallen ist, "eben kommt mir" die Geschichte von den Küken, als wir im Floridaviertel wohnten und Hühner hatten und Mama schwanger war (an was ich mich alles erinnere, Papa) und die Hühner Küken hatten und ein Küken sich verlief und ins Klo fiel, das war ein tiefes schwarzes Loch, und du kamst angerannt und auch die Nachbarn, und Mama liebte dieses Küken und alle anderen auch, aber dieses besonders, weil es ins Loch gefallen war, und sie war schwanger und griff sich ans Bein, da, an diese Stelle, als ich geboren wurde, an dieser Stelle vom Bein, aber von meinem, konnte man ein Küken sehen, einen Fleck, ein großes Muttermal, das aussah wie ein Küken - "Siehst du nicht hier den Kopf und alles?", zeigte mir Mama - und ich hab mir gerade das Hosenbein hochgekrempelt, Vater, und da ist der Fleck; aber von einem Küken, Vater, bei aller Liebe und allem guten Willen, von einem Küken sehe ich da nichts, schon gar nicht vom Kopf eines Huhns, denn wenn da ein Huhn wäre, hier, würde ich es gleich rupfen.

Einmal, Vater, habe ich Mama eine Geschichte erzählt, weil du mir auch mal eine erzählt hast, von Toten. Mama saß auf dem Bett, und aus dem Nachtschränkchen, das oben eine kleine Schublade hatte und unten eine Tür wie von einem winzigen Kleiderschrank, hatte sie Leóns Wäsche geholt, die sie jeden Tag hervorholte, jeden Tag auseinanderfaltete und wieder zusammenlegte, und alles war ganz sauber und ich hab nie etwas davon angezogen, Mama bewahrte sie da auf und setzte sich aufs Bett, strich mit der Hand über jedes einzelne Teil - ich erinnere mich an einen grünen Trainingsanzug aus Baumwolle - und weinte. Mama weinte ganz natürlich, sie weinte, wie andere atmen oder pinkeln. Ohne Stöhnen, ohne Seufzen, ohne Unterbrechung, ohne Kommentar, ohne zu sehen, ohne mich zu sehen, der ich ins Zimmer getreten war, ich weiß nicht, um sie zu trösten, um vielleicht mit ihr mitzuhalten oder einfach nur, um wahrgenommen zu werden, um in ihren Blick zu treten, wie ich ins Schlafzimmer getreten war, wo ich mich neben sie setzte und zu ihr sagte: "Weißt du was?", und Mama sah mich an, als wollte sie sagen: "Ich weiß, dass du da bist, Moishe"; aber sie sagte weder "Moishe" noch sonst etwas, und ich glaube, sie tätschelte mir den Kopf, aber dann senkte sich die Hand wieder auf Leóns Wäsche hinab, und die streichelte sie wirklich mit großer Zärtlichkeit, und ich wieder "Weißt du was, Mama? Als ich von der Schule kam und an der Haltestelle gewartet hab, da kam eine Straßenbahn vorbei, nicht meine, aber weißt du was, Mama? In dieser Straßenbahn ..."

Und ich erzählte ihr die Geschichte, Vater, ich weiß nicht, warum ich ins Schlafzimmer gegangen bin, um sie ihr zu erzählen, vielleicht weil du mir auch eine erzählt hast, oder aus einem anderen Grund, ich weiß nicht, es ist verteufelt schwer, den letzten Grund, oder den ersten, herauszukriegen für das, was man tut. Ich hab sie ihr jedenfalls erzählt, weil du mir auch eine erzählt hast, nein, nicht mir, du hast sie einem anderen erzählt, ich weiß nicht mehr wem, und ich habe sie aufgeschnappt, ist lange her, und da waren Leute und tranken Tee, Tee aus Gläsern mit einem Würfel Zucker auf dem Tellerchen und wir saßen an einem Tisch, an dem vier Leute Domino spielten, und die doppelte Sechs hat dir gar nicht in den Kram gepasst, und da hast du eine Geschichte erzählt, weil alle eine Geschichte erzählten, weil es draußen regnete und drinnen Tee getrunken wurde, und hast erzählt, in deinem Dorf sei die Mutter einer Nachbarin gestorben, eine Katholikin, die am Nachmittag beerdigt worden war, aber die Tochter war gegen zwei Uhr morgens aus dem Bett gesprungen und hatte angefangen zu schreien: "Mama lebt noch, Mama lebt noch!", und ihr Mann beruhigte sie: "Ach was, Liebes, wir haben sie doch begraben, sie ist doch beerdigt worden." Alle glaubten, das sei der Schmerz, aber sie immer weiter, nein, Mama lebt noch, Mama lebt noch, dass man es im ganzen Dorf hören konnte, und die Leute kamen gelaufen und du auch, und sie immer: "Wir müssen sie ausgraben, schnell, schnell", und sie sagte das so wild und entschlossen, dass man den Pfarrer aufweckte und alle zum Friedhof gingen, wo sie mit den Schaufeln, die sie mitgebracht hatten, an zu graben fingen, bis sie auf den Sarg stießen, und einige hatten Lampen dabei, und der Pfarrer hatte Stiefel an, und dann öffneten sie den Sarg und die Mama war tot, lag aber auf der Seite, und ihre Fingerspitzen waren ganz zerfetzt und blutig.

Darum sagte ich zu Mama: "Weißt du was, Mama? Als ich von der Schule kam, fuhr an der Haltestelle eine Straßenbahn vorbei, und weißt du was, Mama?, ich glaube, in dieser Straßenbahn saß León, am Fenster, und sah mich an, und ich glaube, dass er nur ein paar Runden dreht, aber wieder nach Hause kommt, weil sowas ja manchmal passiert, Mama", und Mama verzog das Gesicht wie vor Zorn oder Ekel, nein Ekel war es nicht, einfach nur Bitterkeit, und sie schubste mich an der Schulter, ganz leicht, aber sehr bestimmt: "Geh raus, Moishe, geh, geh raus."

Ich erzähle dir das alles nur deshalb, Papa, damit du weißt, dass ich aus dieser Nische hier jederzeit raus kann, eines Tages, an irgendeinem Sonntag, der im Kalender steht, damit du mir alles erzählen kannst, was du mir noch erzählen wolltest. Ich habe eine lange Liste mit Fragen an dich, was du gelesen hast, ob du Freundinnen gehabt hast, ob du im Krieg jemanden erschossen hast und was dein Papa für ein Mensch war, dein Tatele, von dem ich bis heute nicht weiß, ob er Schneider oder Zimmermann war, oder ob er auch, so wie der Tatele von Mama, eine Wiese mit Kirschbäumen gepachtet hatte, um Sauerkirschen zu ernten, und ob ihr gläubig gewesen seid, oder was weiß ich, weil du, Vater, mir nie erklärt hast, warum ein Leuchter sieben Arme hat und ein anderer neun, aber ich weiß, dass León mir dies alles erklärt hätte, der wusste solche Sachen, der erzählte mir alles, der nahm mich mit an den Ramírez-Strand und erzählte mir was.

Einmal, Vater, im Archiv im Hafen, habe ich Mama und León vor mir gesehen, wie ich sie mir noch nie vorgestellt habe. Für den Einbürgerungsbrief (der ist angekommen), mussten wir das Datum der Einreise ins Land herausfinden, und darum war ich bei der Einwanderungsbehörde mit dem Datum und der Julius Caesar, die in Genua abgefahren war, wo Mama und León eingetroffen waren (wie?), nachdem sie halb Europa durchquert hatten, von ihrem Dorf nach Lublin, von Lublin aus quer durch Polen, Deutschland und Frankreich (was haben sie aus dem Zugfenster alles gesehen?), bis zu dem italienischen Hafen, von dem aus sie in der dritten Klasse zwischen Bündeln und Koffern nach Montevideo gefahren sind. Und in den Papieren der Einwanderungsbehörde hieß Mama Rajzla und war siebenundzwanzig Jahre alt, und León war Leibu und fünf Jahre alt; und als ich sie in dem riesigen Buch mit den schwarzen Deckeln vor mir sah, mitten unter all den anderen Namen und den mit schwarzer Tinte geschriebenen Daten - vielleicht Chinatinte, die ja damals in dem Ruf stand, unauslöschlich zu sein -, da stellte ich mir Mama mit langem, schwarzem Haar vor, wie sie mit León Lieder sang, Lieder, die ich nicht kannte und noch nie gehört hatte; wie sie León mit ihrer jungen frischen Stimme rief, damit er sich nicht über die Reling lehnte; oder wie sie beim Essen, oder beim Einschlafen, León die Begegnung mit seinem Papa erzählte, ausmalte, zusammenfantasierte, der im Hafen auf sie warten würde, und dass sie dann eine Familie wären und in einem Land lebten, wo man einen Tee trank, von dem sie schon von einem Landsmann gehört hatten, der zur See gefahren und schon einmal in "Uraguay" gewesen war, er hatte ihnen gezeigt, wie so ein Saugrohr und ein Matekürbis aussahen, die er als Souvenirs aus diesem Land mitgebracht hatte. Dann kamen sie im Hafen an und gingen von Bord und Mama hat bestimmt geweint, und León hat dich zuerst gar nicht erkannt, und Mama sagte auf Jiddisch zu ihm: "Erkennst du denn deinen Vater nicht?", und dann hat er seine Arme um deinen Hals geschlungen, und du hast ihn an dich gedrückt und ihm ins Ohr geflüstert: "Leibu Leibele Leibu Leibu", und er hat die Stimme wieder erkannt, die er vor etwas über einem Jahr zum letzten Mal gehört hatte, und hat sich mit seinen Beinen an dir festgeklammert, Vater, und du hattest schon ein Haus in einem Vorort namens Florida für sie, auf einer Straße, die heute eine Hauptstraße ist und damals den kolonialen Namen Camino Real getragen hat. Dahin bist du mit ihnen gegangen, oder gefahren (womit?), mit dem Zug, nehme ich an, denn mit dem Zug waren sie auch durch Europa gefahren, und Mama und León hatten für die Reise mit der Eisenbahn Salzgurken und eiring eingepackt, und Honigkuchen und Brot und leibeburst und vielleicht sogar ein Hühnchen. Ihr seid dann also mit dem Zug nach Florida gefahren, wo du Arbeit gefunden hattest, schon seit einem Jahr offiziell als Schneider arbeitetest, ein kleiner Jud mit hellen Augen, den die Arbeitskollegen, alle Schneider, alle im Land geboren, am ersten Samstag schon zur Mittagszeit betrunken machen wollten, denn da war die Woche zu Ende und man ging noch einen trinken vor dem "Tschüß, bis Montag", und sie zwinkerten sich zu, "den kleinen Juden füllen wir ab", und bestellten eine Runde und noch eine und noch eine, und du, nein danke, und die anderen haben es respektiert, weil du ja sparen musstest, um Frau und Kind nachkommen zu lassen; und die nächste Runde, und gesungen wurde, und du immer dabei, aber auch immer die Nadel zur Hand und den Faden zielgenau durchs Nadelöhr, und die anderen, Vater, wussten natürlich nichts von deiner Zeit als Soldat, in der Sauna, mit dem Suppennapf voll Wodka, in den das Schwarzbrot eingetunkt wurde. Sie haben sich volllaufen lassen, Vater, aber du bist immer nüchtern geblieben, hast irgendwann deine Jacke angezogen und gesagt: "Machts jut."

Ich war im Dörfchen, Papa. Ich war in Belzitse, im stetale, lange danach, unendlich lange nachdem Mama und León auf einem Karren in Richtung Lublin gefahren sind, um dort in den Zug nach Genua zu steigen, lange, unendlich lange nachdem die ganze Familie sie zum Dorfplatz begleitet hat, von dem die Kutsche abfuhr, die ich mir von vier Pferden gezogen vorstelle, wie eine Postkutsche aus dem Wilden Westen, mit dem Gepäck auf dem Dach, mit Riemen festgezurrt, und die Vettern, die Brüder und alle haben zum Abschied sicher ein Lied gesungen, so etwas wie eine gute Reise wünschen wir, leb wohl, Aufwiedersehn ..., und niemand hat sich vorstellen, träumen lassen, albträumen lassen können, dass sie die Letzten waren, die vom Dorfplatz aus ihre Reise ins Leben antraten, ins Überleben; doch nur Mama überlebte, falls sie nach Leibus Tod wirklich noch lebte, aber das war später, unendlich viel später; und jemand half Mutter in die Kutsche zu steigen, eine der Schwestern – welche von ihnen –, und León wurde abgeküsst und bekam Süßigkeiten geschenkt, und für dich, Papa, was hat man ihnen für dich als Geschenk mitgegeben? Fotografien vielleicht, oder einen Rasierapparat, oder dieses andere Maschinchen, in das man die gebrauchten Gillettes steckte, und das du in deiner Werkstatt benutzt hast, um die Öffnungen auszuschneiden, aus denen du von Hand die Knopflöcher gemacht hast. Dieses Maschinchen ließ sich wie ein Taschenmesser zuklappen und hatte ein Loch, von dem ich nie wusste, wozu es da war, und später erst, unendlich viel später habe ich erfahren, dass man da das Ende der Toscana reinsteckte, die du nie geraucht hast, Vater, und beim Zuklappen wurde mit der alten Gillette die Spitze von dem Stumpen abgeschnitten, und Mama hat andere Sachen mitgebracht, eine Menge Sachen, aber die Singer war nicht dabei, nicht die Nähmaschine, die hat sie verkaufen müssen, um die Überfahrt bezahlen zu können, aber das Bügeleisen aus

Bronze, das bei mir im Regal steht, hat sie mitgebracht, ein großes, schweres, professionelle Bügeleisen, das hinten ein halbrundes Türchen hatte, hat – ich hab es ja noch –, wie eine kleine Ofentür, und drinnen ein spitzes Eisen, das in ein Kohlenfeuer gelegt wurde, bis es rotglühend war, und es hatte ein Loch, damit man es mit einer Zange greifen und wieder in das Bügeleisen stecken konnte, das damit heiß gemacht wurde und einen Handgriff aus Holz hatte und die Wäsche nie schmutzig machte, weil es aus Bronze war, Gold beinah, und mit dem die Jackenaufschläge makellos wurden; und dieses Türchen in dem Bügeleisen sah genauso aus, hatte dieselbe Form, wie damals, als ich auf Spurensuche im stetale war und in Auschwitz landete, weil da auch viele mit dem Zug hingebracht worden waren, und wo sich hinter riesigen Fensterscheiben die Koffer mit den Namen derer stapelten, die dorthin gebracht worden waren, aber unser Name war nicht dabei, und hinter anderen Fenstern sah man einen Berg von Rasierpinseln, mit einem von denen Großvater vielleicht, oder ein Onkel, sich das Gesicht eingeseift haben, und ich ging zu einem weiteren Fenster, dahinter lagen Berge von Haaren, aus denen Filz für deutsche Stiefel gemacht wurde, da war sicher auch das der kleinen Kusine dabei, die noch ein Kind war, und der Großmutter und was weiß ich von wem noch alles, und Berge von Kinderschuhen, aber Schluß jetzt damit, Papa, ich bin dann zum Krematorium gegangen, ich weiß nicht mehr genau, ich glaube, es waren drei, das wollte ich dir eigentlich erzählen, aber dann ist mir doch alles hoch gekommen, worüber ich nicht mit dir sprechen wollte, was ich dir erzählen wollte, das ist die Form, wie die Tür des Verbrennungsofens ausgesehen hat, genau wie das Türchen an Mamas Bügeleisen, ganz genau so, nur größer und schwerer, eine richtige Eisentür eben.

Und so kam es, dass Papa sich mit aufgestützten Ellenbogen an den Tisch setzen musste, und Mama, die Hände auf Papas Schultern gelegt, blickte nur noch still vor sich hin, nachdem erst eine Menge Jiddisch geredet worden war, fragend, sinnend, abwartend, die Augen nur auf diesen Briefumschlag gerichtet, der umrandet war von kleinen roten und blauen Rechtecken, dazwischen jeweils das Hellblau des Papiers, wie der Saum eines bestickten, gesäumten, fröhlichen Landmädchenkleids, bereit für den Tanz. Und ich war auch dabei, Papa, ich weiß nur nicht mehr genau wo, aber ich glaube, ich war in der Nähe und doch weit fort, wie ausgeschlossen und doch integriert, als wären wir drei eine einzige Person, aber ich wie einer, der ganz und gar einer der beiden anderen war und einer der vielen anderen, die in dem Brief waren oder nicht waren, der von Pandora sein konnte, und ich gehörte dazu, aber auch wieder nicht, ich war irgendwie seltsam, war nicht León und nicht wie León und nicht wie du, Papa, auch nicht wie Mama oder wie die anderen von da, die von da waren und schon nicht mehr waren, schon nicht mehr waren, Papa, wer, zum Teufel, war ich, Papa, der ich dir dies alles heute zum ersten Mal schreibe, weil ich mich immer noch frage, dich immer noch frage, jetzt, da du keinen Brief mehr entgegennehmen kannst, diesen hier, den ich nur für dich schreibe, verdammt, damit du mir antwortest, mir erklärst oder mir nur sagst: "Jetzt reichts aber"; und diese Scheißkatze, die immer noch wie eine Sphinx auf der Marmorbrüstung des Balkons hockt und nichts fühlt und nichts merkt, vollkommen gleichgültig, und ich, ich weiß nicht, ob ich gleichgültig bin oder nicht, weil ich ein Teil bin, und wie diese Scheißkatze fühle auch ich Scheißmoishe nichts, nur diese Unruhe euch zu sehen, wie ich euch nie zuvor gesehen habe, mit etwas in der Hand, das sehr viel intensiver, sehr viel bedeutender ist als ich, Papa, ich bin immer nur außen vor und das macht mir, ich weiß nicht, etwas, das ich nicht begreife, das aber da ist, und wie soll ich es erklären, euch erklären, dass ich einfach nur ein Teil vom Ganzen sein will, und warum ich dieses Recht, zu sein, was ich bin, nicht besitze, nicht bekommen habe, nie verstanden habe.

Verdammt.

Und dies sind die Briefe, Vater, die ich dir schreiben wollte, wo man nicht schreiben konnte, die ich dir dafür heute schreibe, Vater, wo ich es kann, an einem Fenster, das ich eine ganze Ewigkeit nicht hatte, mit Blick auf einen kleinen Hinterhof zwischen den Häusern, wo es Büsche von Glyzinien gibt und wo die Jasmine des Himmels zerplatzen und die der Erde duften, und ich denke an Mama, an ihren Hinterhof mit den tausend Blumentöpfen, und an das orangene Fahrrädchen, das darin steht und der Enkelin gehört, die genau wie Mama heißen sollte, Rosa, das war mein Wunsch, aber nein, "Macht nichts", hätte Mama gesagt, aber Inés, Papa, ist Rosa. Und glaub bloß nicht: wenn ich dir nicht schreibe, schreibe ich dir trotzdem. Ich denke nicht beim Sprechen an dich, Vater. Ich denke beim Schreiben an dich. So wie ich jetzt schreibe, und du überall zugegen bist, in dem eisernen Bügeleisen, das auf dem Regal steht, in dem Fingerhut/Schild des tapferen Schneiderleins, mit dem du uns vor den Riesen des Hungers und der Not beschützt hast, und den ich auf ein weißes Korallenzweiglein gesteckt habe, und den Handstock, Papa, den letzten Handstock, den du in der "Stadt der Handstöcke" benutzt hast, im Israelitischen Altenheim, in dem du mit Mama gelandet bist, als ihr ausziehen musstet. Wie konnten sie das tun? Wie konnten sie dich der Nachbarschaft entreissen, die dich besuchen kam und "Sie kommen da schon wieder raus", und dem Zeitungsjungen, der dir Zeitschriften für mich gab, die ich nie bekommen habe, und denen, die eine Torte vorbeibrachten "probieren Sie nur,

Doña Rosa", oder wenn nach so einem Besuch, bei dem keiner aus der Nachbarschaft fehlte, alle erst mal eine Stärkung brauchten. Wie konnten sie, wie konnte er das tun, der "Raus!" sagte, obwohl er wusste, dass ihr nirgends hin konntet und dass ich nicht da war, nicht existierte, so gut wie tot war; wie hieß er, der das getan hat, Papa, González war sein Name, und er wollte neubauen, hat aber gar nicht gebaut, das Haus steht immer noch da, mit anderen Mietern, Garibaldi 2877. Das Bett war das Einzige, was ihr mitgenommen habt, und die Singer ist zurückgeblieben; wieder blieb eine Singer zurück, mit der du versucht hast, über die Runden zu kommen, Ärmel kürzen, Hosenbeine auslassen, und auch der Vogelbauer mit der letzten Lage von Unzer Fraint blieb zurück, der Kater, Mamas Blumen. Ich glaube, Papa, ich schreibe dir, um mir selbst zu schreiben. Ich schreibe mir, als spräche ich mit mir selbst; und du bist nicht in den Gegenständen und auch nicht in La Paz, wo wir beide zusammen waren und von wo ich zurückgekommen bin, aber nach La Paz bin ich nicht zurückgegangen, denn dich besuchen, wo du gar nicht bist, das wäre idiotisch, und idiotisch wäre auch, dir zu sagen, dass du in mir bist; nein, Vater, was ich heute, was ich jetzt für dich empfinde, das ist, heute, Vater, jetzt, bin ich du. Ich will du sein, für Augenblicke bin ich du, nicht immer, darum auch die vielen Fragen, um zu erfahren, um zu wissen, was wir waren, um sie teilen, nachempfinden, besitzen zu können, die unbeschwerten Feste in Belzitse, um dabei zu sein auf dem Fest deiner Hochzeit mit Mama und der Geburt und der Beschneidung, und den Wein zu trinken. Ich habe diese Spuren gesucht, Vater. Ich bin deinen Spuren gefolgt, meinen, unseren Spuren. Und mit leeren Händen und schwerem Herzen bin ich zurückgekommen. Ich will es dir erzählen.

Ich kam nach Warschau, Papa, und es war eine neue Stadt mit breiten Straßen und warm angezogenen Kindern. Man brachte mich in ein Hotel und fragte mich, was ich mir anschauen möchte, für einen Hamlet mit Bühnenbild von Svóboda sei bereits eine Loge reserviert, und dann fragten sie, "Wie?", als ich ihnen sagte, ich möchte den Führer sehen, "Den Führer?", ja, den Telefonführer. Da musste Sofía Sleyen lächeln, denn sie wusste, was ich wollte, und brachte mir das Buch; "Ich helfe dir", sagte sie, denn Sofía war aus dem Ghetto geflohen und nach Warschau zurückgekehrt, in dem es kein Ghetto mehr gab, das Ghetto nicht mehr gab, "Es gibt andere", murmelte sie. Sofía sprach Spanisch, ihr Mann hatte mit den Internationalen Brigaden in Spanien gekämpft, und sie, ohne Mann jetzt, schrieb Gedichte.

Mit ihrem von der Zeit verrunzelten Finger, die Brille auf der Nasenspitze, fuhr sie pedantisch die Zeilen des Buchstaben "R" in allen nur denkbaren Schreibweisen ab, denn hier steht mit "s", was drüben mit "z" geschrieben wird, und Sofías kleiner Finger fuhr gewissenhaft von oben nach unten über die Seite und wieder zurück; und mit einem schmalen Lächeln, in dem eine schon gewohnte Traurigkeit und etwas wie "ich wusste es, aber man muss es ja versuchen" lag, sagte sie "Nein..., nichts dabei..., hier ist nichts", und klappte das "Verzeichnis" zu, wie sie das Telefonbuch nannte, das da auf dem weißen Marmortischchen lag, beides kalt wie ein Grabstein.

Da suchte man in den Straßen Warschaus nach einer Spur aus deiner Zeit, Papa, doch die biblische Grausamkeit war vollzogen, kein Stein war dort auf dem anderen gelassen worden, und nur das Band der Weichsel, das sich durch meine Pupillen schlängelte, gab der neuen Stadt so etwas wie "ich war schon einmal hier"; und ob du es glaubst oder nicht, seit ich gelandet war und meine Lungen sich mit der Luft füllten, die auch dich hat atmen lassen, hatte ich ein Gefühl wie von Heimkehr, den Wunsch vielleicht, dort irgendein Würzelchen von Herkunft zu entdecken, etwas von früher, von meinem früher, von deinem, und sei es nur so etwas wie die Kirche, die dort vor mir steht, von Bomben zerstört, von Flammen geschwärzt und in diesem Zustand erhalten zum Gedenken daran, was Warschau in weiter Vergangenheit einmal gewesen ist, so weit gar nicht, gestern, so zerstört wie diese sorgsam erhaltene Ruine, wie ich auch die Ruinen dessen erhalte, was wir einmal besessen haben, einmal gewesen sind, das ich bisher noch nicht fühlen konnte, weder in den breiten Straßen, noch bei den polnischen Kindern mit den von Lachen und Kälte geröteten Wangen, noch auch in dem Verzeichnis der Namen, denn in dem der Straßen ist das, was ich suche, nicht zu finden, da wir jetzt das ehemalige Ghetto betreten, das Ghettoviertel, eine breite Schneise gründlich zerstörter Häuserblocks, umgeben von Wohnhäusern auf Grundstücken, die nicht zum Ghetto gehörten, die aber bald dahin vordringen werden, wo es gewesen ist, wo Mila 18 gewesen ist und jetzt nicht einmal mehr ein Name, Mila 18, Papa, wo die letzten Mordechais in einem Widerstand fielen, der uns Würde gibt, Vater; du wirst es nicht glauben, daran denke ich eins zwei drei Kehrtwendung eins zwei drei, in diesem unterirdischen Bunker, in dem Menschen gebunkert werden, und in dem man sonst nichts hat, denn auf der einen Seite bist du im Schützengraben und die Onkel in der Brigade und Anilewitsch, hier, mit den Letzten, allein, so verflucht allein, mit ihnen, denn von draußen kamen nicht mal Schießeisen rein, und als sie ein halbes Dutzend bekamen, mussten sie dafür bezahlen, und sie haben Molotowcocktails gebastelt und Nazis überfallen mit den Waffen, die man an dem Denkmal sehen kann, das da trostlos mitten im planierten Ghetto steht, wo drei oder vier Bengel mit gefrorenen Backen hinter einem Ball herrennen; dieses Denkmal, das alles ist, was übrig geblieben ist - vielleicht auch nicht, vielleicht nicht nur - zeigt ein Mädchen und einen Anilewitsch, eine Gruppe von Anilewitschen mit einem Gewehr, einer 38er, einer hat ein Messer, und einen Verwundeten mit Bandagen und die brennende Flasche, mit der sie den Völkermord und die Panzer aufhalten wollten, Widerstand leisten, bei dem ersten Aufstand in ganz Europa, Papa, und den haben sie gemacht, wir, Vater, und darum halten wir durch, mit der Würde, die man in diesen bronzenen Gesichtern sieht, sterben werden sie... werden sie nicht. Und dann "kams mir", wie Mama sagt, wenn ihr etwas eingefallen ist, und mir fiel ein, als wir zum Friedhof von La Paz gingen, um León zu besuchen, und du auf den Grabstein geschaut hast, auf dem ein paar Steinchen lagen, immer zwei aufeinander, und auf Jiddisch mit Mama zusammen Namen gemurmelt hast, von denen, die vorbeigeschaut und verweilt haben könnten, um sich zu erinnern und einen Gruß aus lebendigem Stein, aus nacktem Fels, einem Felsbröckchen, Stein, zwei aufeinander zu hinterlegen, um damit zu sagen, dass auch León in ihrer Erinnerung weiterlebte, und du und Mama, ihr beide wusstet, dass ihr die Einzigen wart, die sich noch erinnern konnten; da habe ich zwei Steine genommen, Vater, zwei Felsbröckchen, und für dich, für mich, für Mama, für alle, Vater, habe ich sie auf einer der Stufen, die zum Ghettodenkmal hinaufführten, wie in einem Ritual niedergelegt und gedacht, jeder Schritt, jeder Stein, jeder Widerstand, Vater, war und ist für immer.

Es war eine kleine Bäckerei, Papa, sauber zwar, aber ohne große Auswahl. Das Schaufenster war nicht breiter als die Tür, durch die ein Schwall von Düften nach draußen drang, die mir den Backofen in der Küche verrieten; da blieb ich vor dem Schaufenster stehen, und dort lagen sie, rund wie gebackene Kuchen, die Brötchen, von denen einige mit Zwiebeln in der Mitte waren, andere mit Mohn. Mein Herz hüpfte vor Freude, Papa, denn in dieser Bäckerei oder einer ganz ähnlichen bist du eingetreten, oder Mama, vielleicht auch León, um zu kaufen, was ich dort kaufte und mir unterwegs einverleibte, während ich mich auf der Suche nach einem weiteren Duft oder was weiß ich, einer Offenbarung wie der der Brötchen, durch die Straßen von Lublin treiben ließ, bis ich zum Markt kam, wo lächelnde Bäuerinnen dir, mir eine Salzgurke gaben, nachdem ich mit dem Finger in das Fass gezeigt hatte, genau solche wie die, die du immer auf dem Markt im Hafen gekauft hast, doch die hier waren von hier und aus dem Fass, wurden von der Bäuerin verkauft, der sie gehörten, und die ihre langen Ärmel aufkrempelte, um die knackige Gurke herauszuholen, die ich im Weitergehen mit dem Brot aß, das wie das von Zuhause war, und es war, als würden Mama und du und León und ich hier leben, als wäre es das Allernormalste, wo auch die Schneiderwerkstatt des Onkels ist/war und wo du eines Tages in Lumpen hereingekommen bist und keiner dich erkannt hat, weil du im Krieg gefallen warst, und Leibu dich nicht erkannt und dir ein Almosen zugesteckt hat, und du "Leibu, Leibu, ich bin´s doch", und dann haben alle geweint. Ich habe das Foto von dir als Soldat immer sehr gemocht, Papa, und habe mir dich mit dem Gewehr im Schützengraben vorgestellt, oder wie du dem herangaloppierenden, Säbel schwingenden Kosaken ausgewichen bist, aber das war in einem anderen Krieg, Papa, da hatten die Juden Gewehre.

Und hier, Vater, genau wie die Lachse, die Stromschnellen überspringen und Wasserfälle nur mit der Kraft ihres Willens und einem kräftigen Schwanzschlag überwinden, Männchen wie Weibchen, von denen nicht alle zum Laichen kommen, aber alle machen sich auf den Weg, und wer zurückbleibt, fällt den Bären zum Opfer oder den Füchsen oder der Luft, erstickt, verfault unter der Sonne, als Appetithappen für die Aasfresser; aber Jahr für Jahr machen sie sich wieder auf den Weg, immerzu, um den Ort zu verpesten, von dem sie gekommen sind. Welch merkwürdige Strömung treibt uns, Menschen und Lachse (auch Aale, heißt es), den Ort unserer Herkunft aufzusuchen, wenn der Fisch ein stilles Plätzchen zum Laichen ganz in der Nähe finden könnte, und warum fährt man selbst, obwohl man ja weiß, dass man von da kommt, wieder dort hin? Aber sie ziehen immer aufs Neue los, Lachse wie Menschen.

Das Dörfchen, Vater, ist ein Klecks in der Landschaft. Was soll ich dir erzählen! Belzitse ist ein Platz in der Mitte mit einem Mahnmal für eine Handvoll Widerstandskämpfer, ein paar Bänke und eine gemächlich grasende Kuh. Drumherum kleine Läden mit alten Markisen, klein sind sie, sehr klein, als würden dort nur Kurzwaren verkauft, was natürlich nicht stimmt, ein Laden ähnelt der Bäckerei von Lublin, einen Schuster gab es sicher auch, ich weiß es nicht. Die Läden waren geschlossen. Entweder trafen wir nach Geschäftsschluss ein, oder es war einfach nur Sonntag. Jedenfalls, als ich aus der offiziellen Limousine stieg, Vater, zusammen mit Tomash, dem Dolmetscher und dem Chauffeur, der seine Schirmmütze abnahm und sich die Stirn trocknete, kamen sämtliche Einwohner des Dorfes, Vater, einfache, schlichte, neugierige Menschen, zu uns und umringten uns. Es war wie eine Zusammenkunft oder ein religiöser Akt oder als gäbe es Zuckerstückchen für den Tee umsonst.

Da erzählte ihnen Tomash von mir. Er sagte, meine Eltern stammten aus diesem Dorf, sie seien dort geboren; und ich, Papa, kam mir vor wie ein Ereignis, wie der verlorene Sohn, wie Odysseus, der nach Ithaka zurückkehrt, wie ein Schüler, der am Ende des Schuljahrs eine lobende Erwähnung bekommt.

Nichts. Als ich darauf wartete, dass jemand sagte: "Ja, ich habe Ihre Eltern gekannt" oder auch nur Papa oder einen seiner Brüder oder ... aber Scheiße auch, niemand kannte irgendwen, keiner wusste was. Nichts.

Ich schraube meine Erwartungen herunter, will aber noch nicht aufgeben und sage zu Tomash: "Das kann nicht sein, meine ganze Familie hat hier gelebt. Gehen wir zur Synagoge, dies ist ein Dorf von jüdischen Landarbeitern gewesen, es hat eine Synagoge gegeben, dort haben sie bestimmt ein Register, oder zum Friedhof, gehen wir zum Friedhof, da finden wir meinen Namen sicher auf einem Grabstein."

Dann sagt einer der Belzitseaner was und die Leute lachen und Tomash übersetzt es mir nicht, erst als ich ihn auffordere: "Er sagte, was sollen wir mit einer Synagoge im Dorf, wenn es hier nicht einen Juden mehr gibt".

Ich starre sie an. Stille.

Dann fällt einem von ihnen was ein, es gab da einen hinkenden Mann, lange her, der hat den Friedhof in Schuss gehalten, der ist aber nicht mehr da, schon lange nicht mehr, ist nach Warschau gezogen, sagt der Mann, und hat jetzt einen polnischen Namen.

Die schmiedeeisernen Worte, Papa, sind kleiner, als ich mir vorgestellt habe, und das Gittertor könnte zu einem ganz normalen Bauernhof gehören. Leute kommen heraus und gehen hinein, Autos bleiben draußen vor, es sind nicht viele, das brauchst du nicht zu glauben, eher wenige. Man könnte an so einem Ort fast Stände mit Souvenirs, mit Limonade und Würstchen und Gürkchen erwarten. Aber nein. Es ist alles ganz still hier.

Wenn man hereinkommt, ist links ein Podest. Für das Orchester.

Ich betrete eine der Baracken, es gibt viele davon, alle sind groß und geräumig, wirken aber sehr niedrig durch die eingezogenen Böden, die, abgesehen von einem Gang, der zum Abort hinter dem Ofen führt, die ganze Baracke ausfüllten, zwei, drei übereinander. Pritschen. Der Ofen sieht aus, als könnte man sich die Hände daran wärmen, wenn man sie darauflegt, oder als könnte Mama in ihm Feuer machen. Aber er ist nicht an.

Und ich habe das Gefühl: "Hier sind sie gewesen, hier sind sie." Auf dem Korridor hängen Fotos von ausgezehrten Gesichtern, gerahmt und in einer Reihe. Darunter der Name, ich lese jeden einzelnen. An manchen dieser Fotos steckt unten im Rahmen ein kleiner Blumenzweig: da hat jemand seinen Bruder erkannt, seinen Vater, und ich suche nach einem Familiennamen, nach einer Eingebung, denn ich kann jedes Foto mit einem anderen vergleichen, mit jenen, die Mama im Schuhkarton aufbewahrt hat: "Und dies ist Anna und das ist Samuel und die da ist Sarita, sie war die Jüngste." Das eine oder andere Foto in der langen Reihe ist umgedreht. Es sind zwei oder drei. Mehr nicht. Das sind Überlebende. Welche, die gestorben sind, aber noch leben, so wie du, Papa, als du im Krieg gefallen bist und zerlumpt nach Hause kamst, doch noch nach Hause gekommen bist, in Leibus Werkstatt. Man nimmt sie in sich auf, Vater, die Atmosphäre der Baracke. Nach einer Weile hört man Geräusche, die es gegeben hat, ein Knarren, Atmen, unterdrücktes Lachen, gemurmelte Namen, "Mame ..., Mame", mit sterbender Stimme.

Ich trete nach draußen. Es ist eine Lust, die frische Luft zu atmen. Und auf allen Seiten bis zum Horizont grüne Hänge, sprießende Kornfelder, hier und dort saubere kleine Dörfer, die vielleicht und ohne vielleicht auch damals schon dort waren, zur Zeit der Krematorien, und für die es eine Belästigung war, wenn der Wind den Qualm zu ihren Häusern wehte.

Ich betrete ein anderes Gebäude, das Personalbüro. Es ist seltsam, dass eine solche Einrichtung, genau wie eine Firma für Haushaltsgeräte oder eine Eigentumsverwaltung, ein "Personalbüro" hat. Aber glaub das bloß nicht, Vater: man ging eine kleine Treppe hinunter, und da waren dann die Strafzellen.

Es ist nicht ohne Ironie, Vater: ein Raum drei mal drei Meter (mit einem winzigen Luftloch), in den zwanzig, dreißig Sträflinge gesperrt wurden, bis sie an manchen Tagen keine Luft zum Atmen mehr hatten, alle schissen sie da rein, ausgehungert, ohne Wasser, bis zur schlussendlichen Erlösung. Vielleicht war einer der Onkel hier drin, welcher?, ich weiß es nicht. Oder in einem anderen Raum, dem vertikalen Sarg, sechzig auf sechzig Zentimeter, ohne Möglichkeit, sich zu beugen, an sitzen nicht zu denken, und so siechst du dahin, bis zum letzten Röcheln, Wasser, vielleicht, sich hinlegen können, der letzte Wille, ein Schluck Wasser.

Im Gegensatz zu hier, Vater, hatte man dort für das Problem der Bewachung ohne Wachtposten eine Lösung gefunden. Und hier, so belesen sie auch sind, haben sie keinen Schimmer davon.

Dann die Duschen. Wie in der Kabine einer Fußballmannschaft, Holzbänke, Kleiderhaken, wo sie ihre Kleidung aufgehängt haben, und die Duschen genau wie richtige Duschen; es gab dort ein verkleinertes Modell, an dem gezeigt wurde, wie sich hinter der Tür die Körper stapelten, die toten Leiber, erstickt vom Gas, das mit großer technischer Perfektion aus den Öffnungen strömte, wie bei einem Laborversuch.

Die Verbrennungsöfen. Es gab einen Führer, Vater, der erklärte, wie das funktionierte. Ein Museumsführer, der alles auswendig gelernt hatte, was er aufsagen musste, und der damit den Ausschreibungswettbewerb für dieses Amt gewonnen hatte, was ja auch in Ordnung ist. Die Besuchergruppe ins Auge fassend, die das auf Schienen rollende eiserne Wägelchen umstand, demonstrierte er, wie nach dem Beladen nur noch ein kleiner Schubs nötig war, um die eiserne Bahre ins Feuer rollen zu lassen, wie soll ich es dir beschreiben, wie man eine Pizza in den Ofen schiebt, Papa, und ein anderer, ebenfalls ein Lagerinsasse, schloss das halbkreisförmige Türchen, das genauso aussah, wie das an dem bronzenen Bügeleisen, das Mama aus Polen mitgebracht hat und das jetzt in meinem Regal steht. Danach hatte ich genug und ging hinaus.

Ich ging auf den großen Platz, wo sie morgens bei Temperaturen unter Null manchmal stundenlang zum Appell antreten mussten, bevor sie zur Arbeit gingen. "Arbeit macht frei", stand in schmiedeeisernen Buchstaben über dem Tor. Dann gingen sie durch den doppelten Elektrozaun, unter Wachttürmen dahin, auf denen energische junge Männer, Männer mit Kindern und Müttern, die sie geboren hatten, das letzte bisschen Fleisch bewachten, das unter den Lumpen zu ahnen war, die das sichtbare Skelett bedeckten. Und auf diesem Platz, Vater, hatte man ein kleines Schafott errichtet, als sollte damit der heuchlerische Spruch vom Verbrechen, das sich nicht auszahlt, oder dass, wer mit dem Schwert kämpft, durch das Schwert umkommt, bestätigt werden; ein winziges Ding, eine bessere Obstkiste vor einem Holzbalken in Form eines umgekehrten "L", mit einem Strick, sicher nicht dem ursprünglichen, an dem der Lagerkommandant aufgehängt worden war; so wenig, Vater, für so viel.

Bald ist der Rundgang zu Ende, wir kommen jetzt zu den Fenstern, hinter denen sich orthopädische Teile häufen, Prothesen, Holzbeine, wer musste da nicht alles auf einem Bein in die Dusche hüpfen; Pinsel, Rasierpinsel, Tausende, aus Schweineborsten, jeder liegt wie ein Vögelchen in der Hand, sie haben sie weiterverwertet, wenn du mich fragst, haben sie nach Berlin geschickt und dort noch einmal verkauft, oder was weiß ich; Kinderschühchen hinter einer anderen, Schuhe aus der damaligen Zeit, mit einem kleinen Knopf an der Seite, wo der Schnürsenkel befestigt wurde - sie mussten im Frühling eingetroffen sein -, andere nicht, sie sind wie der Stoffüberzug von Mantelknöpfen, leichte Schühchen, in die man hineinschlüpft, wenn man aus dem Bett aufsteht und ins Bad geht, Tausende und Abertausende solcher

Schühchen, alle nach der damaligen Mode, vielleicht waren welche von einem Vetter dabei, Papa, vielleicht hättest du ein Paar erkannt, "Die sehen aus wie die vom Janele, der Kleinen von Leibu." Schwerer wäre dir das allerdings am nächsten Fenster gefallen, wo die überwiegend braunen sich mit den wenigen blonden und hin und wieder grauen Haaren vermischten, Tausende, Millionen von grauen Haaren, doch die Braunen überwogen in diesem Berg von Haaren. Und dort, klar, da waren die vom Mamele dabei, vom Bubele, von der Schwester und dem Töchterchen, dessen bis zur Taille reichendes Haar der Stolz der Mutter war.

Was noch? Man wollte nicht mehr, war wie eine Flüssigkeit auf dem Siedepunkt, eine dickflüssige Substanz, eine Marmelade oder Tomatensauce, die kocht und Blasen wirft, und alles verdampft, bis nur noch ein Sirup übrig bleibt, den ein Grad mehr oder ein Grad weniger nicht mehr verändert, er ist fertig.

Aber nein. Ist er nicht. Ich wollte nicht mehr sehen, aber es gab noch etwas zu sehen, bereits auf dem Rückweg sah ich noch ein "Verzeichnis", und ich ging zurück und blieb davor stehen, herausfordernd beinah: "Hier", sagte ich mir, "hier werde ich meinen Namen finden", stemmte die Füße in die verfluchte, von allen gesegnete Erde, die ihren Fuß auf sie gesetzt haben, und trat ein, um mir sorgfältigst jeden einzelnen Koffer anzusehen, in denen sich Rasierpinsel, Blusen und Sandalen, ein Stück Brot, eine Wurst befanden, die sie mit in die Züge genommen hatten, und um die Namen zu lesen, die sie in großen weißen Druckbuchstaben auf den harten Pappendeckel von imitiertem Leder und mit metallverstärkten Ecken schreiben mussten, und da waren sie, die Liberman und Gleijer und Rosenfeld und Hirsch und Rosenbaum und wer weiß ich alles, Koffer über Koffer gestapelt, mit den Namen auf der Vorderseite, eine Pyramide von Koffern, die an ihr Ziel gekommen waren, Papa, aber an was für ein Ziel, und ich schwöre dir, Vater, ich habe sie mir einen um den anderen angesehen, jeden einzelnen, und nichts, da war nichts, da waren wir nicht dabei, auch in diesem Verzeichnis, mein Vater, fehltest du und fehlte ich.

Und du, Papa, mit dem Maßband um den Hals, wie ein Feldkaplan, die Enden liegen auf dem Rockschoß, weil du ja sitzt und liest, entzifferst, zu erraten suchst, hoffst und sehnst, voller Unruhe, Hoffnung, Schmerz, großem Schmerz, mit einer Erwartung, die in Freude umschlagen will, den Umschlag hältst, die Ellenbogen auf den Küchentisch gestützt, an dem Mama eben noch Kartoffeln gerieben hat, der jetzt jedoch frei ist von Schüsseln und Reiben, sauber, wie alles, was durch Mamas Hände gegangen ist; und deine starken empfindsamen Hände halten diesen Umschlag, auf dem dein Name steht, und den du nicht öffnen kannst, und Mama, die hinter dir steht und nicht lesen kann, fragt, "Für wen ist er?", denn Mama, die arme Mama will, dass er für sie ist, da sie niemanden mehr hat, die arme Mama, nicht einmal mehr mich, da ich jetzt hier bin, Vater, und dir nicht schreiben kann, nur denken, an dich denken, an euch denken, an alles nur denken auf diesen zwei mal einen Meter, in diesem horizontalen Sarg, den kein Mensch je betritt, in den keine Sonne hereinkommt, niemals frische Luft, nur die Wache, um dir deine halbe Ration Polenta hinzustellen, in die man dir deine Ration Kippen hineingedrückt hat, die Stummel für die Nacht, alle Nächte, die viertausendsechshundertvierundachtzig Nächte, alles nur Nächte, die ich unter der Oberfläche der Erde verbringe, beziehungsweise des Planeten, Papa, der Affen, und ich denke, denke an dich, denke an euch und schreibe euch diese Zeilen, Vater, die du nie, nie bekommen hast, und die, wer weiß, vielleicht irgendwo, man weiß ja nie, die ich gar nicht geschrieben habe, jetzt aber, jetzt schreibe ich sie dir, für alle Fälle, mal sehen, um dich lächeln zu sehen und dir in genau diesem Augenblick zu sagen, warum, zum Teufel, willst du den Briefumschlag öffnen, den du da voller Verlangen und Furcht in der Hand hältst, warum, zum Teufel, willst du ihn öffnen, wenn drinnen der Zug und die Baracken und die eiserne Bahre auf Schienen, wozu, Vater, was sage ich dir das alles, denn du wirst ihn auf jeden Fall öffnen, warum auch nicht, und plötzlich ist da jemand, aber wer?, und Mama fragt, für wen ist er denn?, und wenn es dieser wäre, Vater, wenn der Brief, den du auf jeden Fall öffnen wirst, gar nicht der wäre, sondern dieser wäre, den ich dir schreibe, dann schriebe ich, um dir zu sagen, was ich noch nie, um euch zu sagen, was ich nie, dass ich euch lieb habe, Vater. Dass ich dich über alles liebe.

## III Tage ohne Zeit

Ich erinnere mich nicht mehr an das Wort. Es war nur ein einziges Wort, und ich erinnere mich nicht mehr daran. Beim Aufwachen ja. Als ich aufwachte, hatte ich das Wort, das mir nie zu Ohren gekommen war, gesprochen in einer ungewöhnlichen, nicht existierenden Sprache, einer toten, überlebten Sprache, was weiß ich. Chaldäisch, Aramäisch, diese Wüstensprachen, die mit den Mündern derer ausgestorben sind, die sie benutzt haben. Wie mag sich der letzte Dialog der letzten "Mohikaner" aus Chaldäa angehört haben, Flüchtlinge vielleicht, in einem Zelt oder an einem Brunnen, Überlebende des Chaos, der Pest, des Krieges, einer unerklärlichen Zersetzung; ein vertrocknender Fluss, Pocken, ein Absinken der Gletschertemperaturen und tschau. Eine Zivilisation, bei der ich mich nach dem Wort hätte erkundigen können, das sie ohne Verbindung zurückgelassen hat, ohne Bezug, ohne ein Telefon zur Hand, eine 0900, sieh im Wörterbuch nach, was dieses Wort bedeutet. Es wäre mir ein Leichtes, Einfaches, es zu erfinden, neu zu erfinden, etwas, das befremdlich klingt, wie die Sprache der Marsmenschen von Ray Bradbury. Aber nein. Ich erzähle den Anfang einer Geschichte, und das heißt Geschichte, nicht Literatur, wenngleich mich nichts und niemand zur Wahrhaftigkeit der Tatsachen fordert, nötigt oder zwingt, die ja, wenn sie einmal erzählt sind, ihre Genauigkeit oft einbüßen.

Doch zurück: ich weiß, was dieses Wort mir sagen wollte. Ich habe nie daran gezweifelt, nie überlegt, mir nie gesagt, was zum Teufel soll das, nein. Von Anfang an habe ich es gewusst und ausgesprochen, den ganzen mehr oder weniger langen Satz ausgesprochen; dieses chaldäische Wort wirkte wie ein Sesam-öffne-dich auf meine für das Denken zuständigen Nervenzellen, denen bei der Arbeitsverteilung im Gehirn irgendetwas oder irgendeiner gesagt hat: "Also Jungs, ihr macht euch jetzt ans Denken, klar?"

Kein Zweifel besteht allerdings daran, Papa, dass du es warst, der mir das Wort gesagt hat. In einem Tonfall zwischen Frage, Erstaunen, Befehl.

Da wurde ich wach und wusste, es war kein Traum gewesen; und ich bin nie dazu gekommen, das Wort auszusprechen. Wohl seinen Sinn, seine Übersetzung, den Satz.

Es war kurz, ich wage sogar zu behaupten, dass es aus zwei Silben bestand, denn im Chaldäischen gibt es keine auf der dritten Silbe betonten Wörter, aber ich hatte nichts, um es aufzuschreiben, und selbst wenn ich etwas gehabt hätte, sicher hätte ich es auch dann nicht getan.

Daran dachte ich gerade, als sie an meine Tür treten und ich aufspringe, strammstehe, Kapuze. Zeit zum Pinkeln.

In der Erinnerung ist das Haus nicht so groß. Kein Haus passt in die Erinnerung. Sie werden kleiner. Aber sie verkleinern sich nicht maßstabsgetreu, werden nicht zu kleinen Modellbauhäusern. Wie soll ich es dir erklären, also, mal sehen. Sonntags gingen wir immer ins Stadion. Zehn, zwanzig, hundert Sonntage. Da ist einmal das Olympische Stadion, dann das Amsterdam, die überdachten Sitzreihen, der Ehrenturm. Auf jedem Foto, das du in irgendeiner Zeitung siehst, der Torwart am Boden, die Kirsche im Netz, und der Mittelstürmer schreit Tor, im Hintergrund ein Teil der Tribünen, du erkennst das Stadion auf einen Blick, achtzigtausend Plätze, das alles wird exakt so von ein paar Nervenzellen registriert, bevor du darüber nachdenken kannst. Was da aber exakt so registriert wird, ist gar nicht so exakt. Es wird nicht gefilmt oder fotografiert, es funktioniert anders. Wenn ich dir sagte, "Zeichne das Stadion", dann zeichnetest du es. Aber nicht jede einzelne Sitzreihe, nicht die Scheinwerfer, die Lautsprecher, nicht die Strafraumlinie und nicht den Elfmeterpunkt. Nein. Du zeichnest nur das Notwendigste, den Turm vielleicht oder etwas Ähnliches, das Spielfeldoval des Olympischen, was weiß ich. Mehr nicht. Aber es ist das Stadion.

Mit dem Haus, und mit allem andern, ist es dasselbe. Passiert mir dasselbe. Das Haus, mein Elternhaus, ist nicht so groß, wie es war, als Mama es sauberhalten musste. Es waren vier hohe, sehr hohe Zimmer mit Holzfußböden aus langen Brettern, die bei all dem Wasser und der Zeit immer mal wieder ausgebessert werden mussten, Säge, Hammer, Nagel. Flickwerk. Unten gab es einen Keller, der nicht benutzt wurde, außer von den Mäusen. Kleine Nager, die zu Mamas großem Schrecken bis nach oben drangen, und Vater hat, mit Zapi an seiner Seite und dem Besen in der Hand, Jagd auf sie gemacht. Für die Spinnweben hatten wir einen zweiteiligen Federwisch mit grauen Ñandúfedern an der Spitze eines Stocks, der auf einen anderen gesteckt wurde, zum Hinaufreichen. Und der Innenhof. Die grüne Lunge. Mit Mamas vierzig Pflanzen, die sie jeden Morgen eine nach der anderen goß, denen sie trockene Blätter abrupfte, die sie begrüßte und nach deren Wohlbefinden sie sich laut erkundigte, sie kannte jede Einzelne, das Aussehen jedes Blattes, freute sich über jeden neuen Schoß, über eine Blüte. Ihr ganzer Stolz war ein "Meerschaum", der in der Tischmitte stand, die Ränder gekräuselt wie der Kamm einer Welle, auf schwarzen und weißen Steinfliesen, wie ein Schachbrett, aber leicht sauber zu halten, ein Eimer Wasser, Aufnehmer, und schon glänzte alles. Dieser Patio, Mama, war dein einziger Ausgang. Für dich, Mutter, gab es nur den Gang zum Laden ab und zu oder an bestimmten Tagen zum Friedhof, der Patio war dein täglicher Spaziergang frei Haus.

Mit dir, Mama, geht es mir wie mit dem Haus. Ich denke an den Patio, und es ist, als dächte ich an dich, als sähe ich dich vor mir. Du warst der Patio. Der Patio und die Küche mit dem Primuskocher, der immer wieder ausging, und "Itschroook!", und dann kam Papa und hantierte mit der Nadel oben an der Spitze von dem Blechding herum, und dann funktionierte wieder alles, man hörte es, man hörte den Topf, wie es sich gehörte, und Vater ging in seine Werkstatt zurück, und du, Mama, bist in der Küche geblieben und hast auf das gespickte Fleisch aufgepasst, nicht dass es jetzt verbrannte.

Der Innenhof und die Küche waren dein Reich, Mama.

In meiner Erinnerung bist du der Geruch deiner Speisen und deiner Blumen, du bist das Haus, Mama, wie konnten sie das nur übersehen, die dich aus dem Haus geworfen haben, als hätten sie das Haus selbst weggeworfen, wie. Und trotzdem, ins Altenheim.

Das, Mama, habe ich bei einem Besuch erfahren. Man hat es mir während eines Besuchs erzählt, denn "darüber musste ich Bescheid wissen", bei einem der Besuche im Lager, an der Grenze, bärtig, ausgemergelt, schmutzig, da hat man es mir gesagt, Zwangsräumung, Asyl, Altenheim.

Und auf der Rückfahrt zum endlosen Territorium der zwei mal einen Meter meiner Kerkerzelle begannen meine Gespräche mit Papa.

Hier hallen die Gedanken wider. Die gedachten Worte hallen wider. Denn sprechen, also aussprechen, läßt man mich hier nichts. Auch Schreien nicht, nichts. In diesem Territorium herrscht Stille, unendliche Stille von einer Art, dass, wenn die äußeren Stimmen erlöschen, wenn zur Ruhe geblasen wird - um Stille zu befehlen, müssen sie Lärm machen - nachdem also das Ruhesignal ertönt ist, kann man hier sozusagen die lärmende

Betriebsamkeit der Spinnen erlauschen. Die Spinnen weben Netze, und das sirrende Geräusch ihres Webens kann man hören, aber wenn ihnen eine Fliege ins Netz geht, ist der Tumult unvorstellbar, die Fliege schreit zum Steinerweichen, die Wache wird ihr eins aufs Maul geben, hast du das Ruheblasen nicht gehört, und da fällt sie und Langbein greift an, am Boden wird kurzer Prozess gemacht und ihr das Pentothal appliziert; dass man noch nicht darauf gekommen ist, das Spinnenpentothal als Anästhetikum synthetisch herzustellen, nein, man ist lieber bei dem anderen geblieben, dieser Art Gas, das dich schneller hinüberbringt, als du bis drei zählen kannst und das die Schweizer oder deutsch-schweizer oder deutschen Labors dir inokulieren, diese medizinischen Spinnentiere; und wenn Juanita - so heißt die Spinne - die Fliege dann zwischen ihren Beinen hält, saugt sie sie aus, saugt sie auf, saugt sie ein, diese kleine Mauerdraculine. Dies alles höre ich also. So laut, dass ich nicht einschlafen kann. Ich kann auch nicht einschlafen, wenn die Zeit des Scharmutzierens kommt und die männliche Spinne mit einer Geschwindigkeit über die Zellenwand rast, die, unter Berücksichtigung der Proportionen, nicht einmal Jesse Owens, und immer in derselben Spur, bis sie in der Spinnenecke vor Anker geht, wo sie sich anstarren, das Weibchen ist größer, viel größer, und sie starren sich an und betören sich, bis sie übereinander herfallen und das Bettgestell knarrt. In der Stille haben die Geräusche das Sagen. Das Fußgetrappel des Feuchtinsekts - meistens esse ich es - auf dem Betonboden ist ein rhythmisches Trommeln, sehr verhalten, ideale Hintergrundmusik für einen Bolero. Die meisten Geräusche macht man jedoch selbst. Die Bronchien machen Geräusche. Il cuòre macht Geräusche. Das Schaben der Jeans ist kreischend; jede Nacht, immer lauter, ich schlafe in ihnen, lebe in ihnen, sie altern mit mir und kreischen immer lauter, wehklagen. Und wenn es Moskitos gibt, davon schweige ich lieber. Denn zu dem Propellergeräusch gesellt sich noch die Bedrohung, die Konzentration, die man aufbringen muss, um festzustellen, wann es aufhört, weil sie sich setzen, Helicopter, Coleopter, was weiß ich, dann landen sie, und wenn der Klaps gut trifft, wird es blutig, und die Schallwellen des Klapses hallen wider, wie alles widerhallt, hier gibt es zwei für einen, Angebot, ich verkaufe, verschenke, tausche um, Widerhall. Alles hallt wider, Vater, und ich schreibe dir im Geiste, flehe dich an, durchzuhalten, obwohl ich in Sachen Durchhalten von dir noch lernen könnte, Vater, ich komme dir mit Argumenten, die du schon kennst und nicht mehr brauchst, und ich wiederhole, fordere, erkläre, sage zu dir, Vater, damit du weißt, dass ich du bin, dass du hier bist, dass ich es für dich und für mich sage, auch für mich, denn was ich sage, brauche ich ebenso wie du. Und so gewalttätig ist alles, so direkt, ich kam dahin, wo du warst, und du warst hier, kamst ab und zu vorbei, und ich weiß, dass ich dort bin und ich habe dich gehört und du hast mich gesehen und kein Mensch glaubt es, niemand versteht es, und ich erzähle es oder auch nicht, erzähle es selten, dem Einen oder Anderen und bringe es nicht fertig, es aufzuschreiben, weil man denken könnte, es sei gedichtet, fantasiert, ausgedacht. Sollen sie glauben was sie wollen, du und ich, wir wissen es und tschau. Basta.

Etwas gibt es, Papa, das gibt es hier nicht. Kinder. Es gibt hier keine Kinder. Man kann nicht leben in einer Welt ohne Kinder. Und in meiner Welt, Vater, gibt es keine Kinder. Wenn man mich zum Abort führt, versuche ich daher, mir eines mitzunehmen. Da wird sich genauso abgeputzt wie zu Hause, Unzer Fraint, alt und vergammelt wie immer, hier haben sie El País, das Land, alt und vergessen hängt es an der Wand, Vater, ein guter Reim, nicht wahr, ich lasse ihn mir noch einmal auf der Zunge zergehen, putze mich ab und richtig, da ist eines, ein Stück mit einem Kind reiße ich heraus. Ich habe zwei. Das ist nicht viel, wie du siehst. Zwei Jungs. Ich stecke sie mir in den Schuh. Sie gehen immer mit mir, eins zwei drei Drehung, und ich nehme sie überall hin mit, wir sehen uns jedes Spiel an!, und wir gehen reiten. Aber wozu, zum Teufel, erzähle ich dir das? Scheiße. Kommen wir wieder auf das zurück, Vater, was uns beide angeht. Dich und mich.

Sie haben dich wieder vertrieben, Vater. Eine weitere Vertreibung. Ruhig Blut. Du hast immer in einem Zustand der Vertreibung gelebt. In dem polnischen Dörfchen warst du auch nicht mehr als ein Einwohner auf Durchreise. Die Pogrome haben dich und deine Eltern und Geschwister und Neffen und alle Angehörigen immer mal wieder (eher immer, als mal wieder) daran erinnert, dass ihr keine Einwohner seid, nicht von hier seid, hier seid ihr nur auf der Durchreise, tschau. Und das haben deine Eltern und deine Geschwister und alle gewusst, darum haben sie ihre Sprache nicht aufgegeben, Papa; sie waren Polen, sprachen Polnisch, es war sozusagen ihre Muttersprache, und dennoch haben sie vom Jiddisch nicht gelassen. Du konntest Jiddisch, konntest es sprechen, schreiben, lesen, kanntest den Talmud und Sholem Aleichem, und das hast du mitgenommen, als du aus dem Dörfchen fort bist und Mama und den kleinen, den ganz kleinen León zurückgelassen hast, um zu sehen, ob es in Amerika ein Land ohne Pogrome gab, du bist nicht gekommen, um es zu machen, es war schon da, du hast gewusst, dass es schon da war und wolltest nur mit eigenen Augen sehen, bestätigt sehen, dass du dich dort niederlassen konntest ohne Polen mit Fackeln und Wodka und Gebrüll, die auf die Hütten der Juden schossen und sie in Brand steckten, und dort bist du dann nach San Pablo gekommen, das dir nicht gefallen hat, weil es regnete, und sie haben dich hierher gebracht, nicht wegen eines Landes oder eines Stückchen Landes, nein, sie haben dich für eine Werkstatt hergebracht, und als du vom Schiff gekommen bist, den Hut auf und den Koffer in der Hand, da hat man dir beim Hereinkommen gezeigt, wie man "Gutten Tach" sagt, "Dort", hat man dir gesagt, und du hast die Nadel gezückt und den Fingerhut aufgesetzt und Stich um Stich, mit hundert, tausend, eine Million Stichen den Weg über den Ozean geebnet, auf dem deine Familie - Mama, León - nachkommen sollte, du hast nur Augen für deine Jackenaufschläge gehabt und einen Stich neben den anderen gesetzt, voller Lust und Freude, denn die Werkstattkollegen haben ihre Scherze gemacht und gelacht, Grappa getrunken und dir die Tür gezeigt und erklärt, dass sie Tür heißt und der Knopf Knopf. Und du hast leise die alten Lieder auf Jiddisch vor dich hin gesummt, so wie ich lautlos die Texte der Tangos vor mich hin murmele, die mir helfen, meinen Magen zu überlisten oder mir den Weg nach Hause vorzugaukeln, zu deinem Haus, Vater, unserem Haus, aus dem sie dich jetzt vertrieben haben, mein Alter, so alt schon, dich und Mama.

Man denkt ja, von einem Land zum anderen zu reisen, sei eine Sache des Gepäcks, mehr nicht. Man spart für die Überfahrt, kauft die Passagen, und dann wird man verabschiedet, mit Liedern und Geschenken und "Vergiss uns nicht" und "Schreibe mal", und alle essen und essen und du fährst davon, lässt eine Kielspur von Nostalgie hinter dir zurück, die Hand um den Griff dieser Pappschachtel geklammert, deren Ecken mit Metallkappen verstärkt sind und deren Karton wie Leder aussehen will, Gepäckstück armer Leute, das du umklammerst, als hieltest du deine Zukunft in der Hand, damit sie dir bloß nicht entgleitet, die Illusion, dass dieser Koffergriff alles ist, was du hast und es nicht loslassen darfst, so fährst du und kommst du an, kommst in ein Haus zur Miete, in dem du zwei Zimmer ganz für dich hast, eine Werkstatt und ein Schlafzimmer, und einen Innenhof mit Pflanzen und Singvögeln, mehr nicht, das ist alles, das ist dein Amerika. Das Haus, dieses Territorium, das du dir Zimmer für Zimmer und Treppenstufe für Treppenstufe erobert hast, bis zum Dachboden, und auf dem du zum Schluss deine Fahne gehisst hast, Eigentümer jetzt, mit Sicherheiten, und manchmal, wenn die Zeiten schlecht waren, als die Konfektionskleidung den Markt überschwemmte wie billige Hamburger die gute Küche, und du nicht gewichen bist, weil du ein "Maßschneider" warst, hast du ein Zimmer vermietet, die Dachkammer, aber nur ungern, gefallen hat es euch nicht, denn das Haus war für dich und Mama, für mich, Papa, und für León, der nicht da war, der schon seit langem nicht mehr da, aber immer noch anwesend war in der Stille, die nach neun Uhr abends wie ein stummes Signalhorn klang, wenn du zum Abendessen in deinem Schüsselchen mit heißer Milch einen Löffel Butter hast zerschmelzen lassen und das Brot vom Vortag eintunktest. "So schmeckts viel besser", hast du gesagt. Und dann alle ab ins Bett. Aber ein Haus ist viel mehr als vier Zimmer, Patio und Dachkämmerchen. Ein Haus ist viel mehr als all die großen und kleinen Erinnerungen, die man daran hat, wie die an den Morgen, als ich in meine Bastsandalen schlüpfte und mich etwas unter dem Fuß kitzelte und die größte schwarze Kakerlake der Welt herausgekrabbelt kam. Das Haus, das war Gabriela, die jeden Tag kam, um Mamas Blutdruck zu messen und von ihrem Sohn zu erzählen; das Haus, das war Mono, der hurtig an den Balkonfenstern vorbeihuschte, denn die Zeitungen des Tages wiegen, und zwischen den Rufen des Zeitungsjungen fragte sie ein ums andere Mal bis in alle Ewigkeit und einfach nur: "Mauricio?"; das war die Frage von Armonía nach den Honigkuchen oder dem Wohlbefinden der Pflanzen, war Gutiérrez, der immer rief "Heute ist die Ausspielung, Doña Rosa, vielleicht haben wir Glück", dabei lächelte er, und du: "Wir werden sehen", und kein Wort von Doppellos oder Zahlen, denn alles, Pflanzen, Honigkuchen, einfach alles, sogar das, "Kürzen Sie mir ein Jackett, Don Isaak?", alles, alles hieß immer nur, "Er wird schon kommen, Doña Rosa, er wird schon kommen". Da ist es, siehst du? Das eroberte, das gelobte Land, vier Zimmer und ein Dachkämmerchen, stets bevölkert mit Leuten aus der Nachbarschaft, stets Fragen und Ratschläge, wie macht man diesen Teig am besten, kann man die Hose noch weiten, jedes Thema in Form einer Ellipse, der Mensch als Ellipse, sieh, welch ein Mensch, Vater. Daher war die Räumung eine Verbannung, eine weitere Verbannung, Vater, da kann man machen nix!, das Land befand sich in einem Zustand alltäglichen Pogroms, und das ganze Land war eine einzige Verbannung; darum seid ihr in der "Stadt der Handstöcke" gelandet, bewohnt von Greisen, die wie ihr aus dem Leben verbannt worden sind, wie die von Quiroga, und dort habt ihr euch getroffen, mit Garten und Synagoge und winzigen Wohnungen, in die keine Singer mehr hineinpasste, kein Vogelbauer, keine Pflanzen, nichts, aber man war sehr aufmerksam zu euch, und es gab Ungarn dort, die Jiddisch sprachen, und andere Jiddisch sprechende Polen und Rumänen und alles, sogar einen Zeitungsständer mit Unzer Fraint gab es, und für alle war dies die Rückkehr zum Jiddisch, der Amtssprache in dieser Stadt der Verbannten, wo du und auch Mama keinen Fuß mehr aus dem Zimmer setzen wolltet - "Wozu auch?" - und die Stunden des Tages nicht mehr durch Gabriela eingeteilt wurden, die wegen des Blutdrucks kam, nicht durch den Losverkäufer und auch nicht durch Armonía, tschau. Es war dies ein anderes Land, obwohl ihr ja immer mal wieder verreist seid, das waren die Besuche; aber zu Hause wart ihr kein Besuch, ihr wart das Zuhause, ihr wart das Haus. Und nirgends konntet ihr euch setzen, weil es keinen Patio gab, und ins Schlafzimmerchen passte gerade das Bett, und dahin kam Walter mit den Hähnchenschlegeln, weil dir das Essen in der "Stadt" nicht bekam, und daraus habt ihr euch dann ein Süppchen gekocht, das wie ein Eintopf mit Hühnerfleisch geschmeckt hat, wie als wir noch alle vollzählig und alle zusammen waren.

Jedes Wort hat seinen Zauber, manche haben sogar ein Geheimnis. Es sind die, die einen kleinen Schlüssel in sich bergen, der die Erinnerung in Gang setzt, wenn sie dem Gehege der Zähne entfleuchen. Der "Sesam öffne dich", der die Felsentür in ihren Angeln kreischen ließ, ist sozusagen eine Neuschöpfung, fast eine literarische Neuschöpfung jenes Wortes, mit dem Graf Cambronne nach dem napoleonischen Reinfall von Waterloo die Aufforderung der Engländer, sich zu ergeben, mit dem abschließenden Wort "Merde - Scheiße" kommentierte. Ganz ohne Pathos. Das braucht es nicht. Es sind zwei Silben - zähl nach - und was sie enthalten, wenn sie einmal entriegelt sind, ist die Poesie des heiligen Zorns. Dasselbe, Mama, habe ich einmal empfunden, nur nicht so ruhmreich, als ich dieses Wort in seiner spanischen Übersetzung über meine Lippen ließ. Das war im Siebten Kavallerieregiment in Santa Clara de la Frontera. Es ging folgendermaßen: Die Tür geht auf, zwei Bewaffnete beziehen Posten, ein Dritter stellt ein Bänkchen herein, ein Vierter legt mir Handschellen an und setzt mich auf das Bänkchen, und der Offizier sagt mit offizieller Stimme zu mir: "Wir scheren dir jetzt den Kopf, wenn du ein einziges Mal zur Seite blickst, tschau". Und er entsichert die 45er an meiner Schläfe, hält sie dort mit gespanntem Hahn und einer Kugel im Lauf, tschau schöner Sommer sage ich mir, der junge Herr Fähnrich will Cowboy spielen, und jeden Moment kann ihm die Kanone losgehn. In dieser Situation sprach ich leise, als herzlich gemeinten Abschied, den Rückzugsbefehl, das Tschau bis bald auf Wiedersehn, für alle Fälle: das Wort.

Du hattest eines, Mama. Ich weiß noch, wie du es zum letzten Mal gesagt hast, es war nicht das letzte Mal, ich meine das letzte Mal, dass ich es hörte, und hier ist es. Außerdem war es das erste Wort des Wiedersehens, als ich dich in der Nacht, als ich wieder auf der Sonnenseite der Straße war, im Altenheim besuchte. Ich hatte dich jahrelang nicht gesehen, weder dich noch Vater, zu Gefangenenbesuchen wart ihr nicht mehr in der Lage, die Beine, das Herz, die Jahre, das Leben, wer weiß was noch alles, aber da wart ihr dann, hattet euch hingelegt, immer noch gegen die Zeit rudernd, um die Heimkehr des Sohnes zu erleben, als du schon nicht mehr gut sehen und nicht mehr alles verstehen konntest, und darum kam auch zuerst Fito ins Zimmer und sagte, wie um frischen Wind hereinzulassen, "Hier bringe ich ihn, Doña Rosa", und du hast mich erkannt, hast mich angeschaut, und in deinen Lippen gerieten jahrelang eingeschlafene Muskeln in Bewegung, und um das Wort des Wiedererkennens in die Länge zu ziehen, hast du gelächelt. Dieses Wort, Mama, das die Geschichte eines ganzen Lebens lebendig werden lässt, den Sinn eines Lebens, einen wundervollen Sinn, der ein Teil des meinigen war, meiner ist, so, wie du es gesagt hast, wie du es immer gesagt hast, wie du alles in deinem Leben gesagt hast, wie du, vielleicht, alles im Leben empfunden hast, Mama, versehen mit einem Fragezeichen.

Nur ein einziges Mal hast du so viel gesprochen ohne etwas zu sagen. Das war nach der Rückkehr aus dem Krankenhaus, als sie dich in die Krankenabteilung im ersten Stock des Altenheims eingewiesen haben. Ein helles Zimmer mit einem großen Fenster, von dem aus man die Kronen der Platanen sehen konnte. Sie hatten dich aus dem Bett geholt und in einen Rollstuhl gesetzt, hatten dich gekämmt, "Seht nur, wie aufgeputzt Doña Rosa heute ist, kein Wunder, heute kommt ja auch ihr Sohn". Und so ist es gekommen, ich bin gekommen und weiß gar nicht mehr, was ich sagte, was ich alles sagte, während ich bei jedem Wort, das ich sprach, mich fragte, ob du überhaupt hörst, ob du meine Worte hörst, und dann bin ich wieder gegangen, und als ich schon auf der Straße war, auf dem gegenüberliegenden Bürgersteig, da habe ich dich hinter der Fensterscheibe gesucht, und die Krankenschwester hat mich gesehen, und dann haben sie dich ans Fenster geschoben und dir gesagt, was ich ihren Gesten entnehmen konnte, "Da, da unten, Doña Rosa, winken Sie, da ist ihr Sohn", und du hast geguckt, als ob du guckst, und ich habe mit dem Arm gewedelt, weil ich in deinen Augen so gern das Erkennen gesehen hätte, und du hast die Hand gehoben, die Hand, die so oft den Honigkuchenteig geknetet hat, die Hand hast du gehoben und ich weiß nicht wohin geschaut, hast dem Wunsch der Krankenschwestern entsprochen, und ich habe mich gefragt, wen du da wohl grüßt, wen du da im Innern deiner Augen gesehen hast, und ich dachte, dass du das Haus in der Gonzalo Ramírez 1395 gesehen hast, als wir alle noch da wohnten, die von hier und die von drüben, alle, und vielleicht die Stimme von Faníntez, der mit der halben Welt auf dem Buckel von Santiago de Chile heraufkam und der Köderbüchse voll mit Ährenfischgekröse, der den Nachbarinnen zurief, "Frisch gefangen, Frau Nachbarin", das war die tägliche Verkündigung von Faníntez, der die Meeräschen mit den stumpfen Köpfen und zahnlosen Mäulern auf der Mole auslegte und die kein Mensch essen mochte, weil er sie aus den Mündungen der Abwasserrohre fischte, "Und wenn ich sie wasche?"; da bist du mit León die Straße hinuntergegangen, anderthalb Häuserblocks bis zum Meer, während Papa mit dem Zigarrenschneider seine Knopflöcher schnitt, und Fito und ich auf einem Dreirad fuhren, das er lenkte, und ich stand hinten drauf, weil es zwei feststehende Pedale hatte, auf denen man stehen konnte, es waren Fußrasten, für mich aber waren es Pedale, und man konnte stehend ein

Dreirad lenken, wie ein Schiffskapitän. Vielleicht war es das, was du gesehen hast, die erfüllteste Zeit deines Lebens, ganz einfach deswegen, weil wir alle da waren, und für uns hast du die dickste Meeräsche gebracht, die noch mit dem Maul geschnappt hat, hast sie abgeschuppt, aufgeschnitten, gewaschen, hast sie mit Pfeffer und in Milch aufgeweichtem alten Brot, mit Ei und Salz und ein wenig Zucker paniert, mit himmlisch gelben Klößchen gefüllt, darauf noch eine geschnittene Möhre, Mama, was gäbe ich darum, noch einmal deinen guefilte fish zu essen, die Krönung der mütterlichen Küche, das Losungswort des Juden in jedem Land der Welt, genau wie das Losungs-wort des Wiedererkennens in der Nacht meiner Heim-kehr, da hast du mich tatsächlich gesehen, hast mich nach Jahrtausenden wieder gesehen, als wären es gar keine Jahrtausende, weil ich wiederkam, als wäre ich nur ein paar Tage fort gewesen, du im Bett, Papa an deiner Seite, ich am Fußende, vor der Umarmung, die schlicht ausfiel, ein gehauchter Kuss, denn das Wort war alles, das, was zählte, genau wie früher, wie immer, der Ursprung deines Denkens, das Wort vor dem Zeichen, das uns die ganze Vergangenheit zurückbrachte:

"Hast du gegessen?"

Man hat etwas, Vater, man besitzt etwas, das man als rationales Denken bezeichnen oder kennzeichnen könnte. Daher gäbe ich wenig auf so einen Unfug wie Begebenheiten, Anekdoten (für mich sind sie nie über Anekdoten hinausgegangen), diese Geschichten der übersinnlichen Art, telepathische Kommunikation, das berühmte "Hier war ich schon einmal", und solche Sachen. Ich habe mich gefreut, das Thema in der Literatur gefunden zu haben. In der Geschichte nie, Geschichte ist Wissenschaft. In der Geschichte hat man nie gehört, dass Napoleon eine Stimme vernahm, die zu ihm sagte: "Steig nicht vom Pferd, gib dem Gaul die Sporen", als ihm

Waterloo den Bach runter ging, und auch Trotzki hatte keine Ahnung oder Eingebung, dass Mercader mit einem Auftrag zu ihm kam. Nie. Historisch-religiöse Fantasien haben etwas für sich; aber da gibt es viel Geschwätz, Weiße-Täubchen-Schwermut, die das Ende der Menstruation und die Schwangerschaft ankündigt, oder den Stab Moses´, den schon Pinocchios Fee gern gehabt hätte. Vom Nachbarschaftsgeschwätz ganz zu schweigen, vom "Es war wie eine Eingebung, wisst ihr", und prompt wurde die richtige Zahl getippt. Nein. Nein auch zu dem niedlichen Mädchen, in das der Geist von ich weiß nicht welchem deutschen Wunderdoktor gefahren ist, und das dir jetzt Linderung in der Sprache der Walküren spendet, obwohl es keine Ahnung davon hat, wo der Rhein fließt, oder dem, der einen Chirurgen empfing und dich jetzt mit einem Kartoffelschälmesser operiert, als wäre das ein Klacks. Nein. In der Literatur hingegen, ja. Von Thomas Manns jungem Fräulein, das in dem Moment ohnmächtig auf der Treppe zusammenbricht, als seine Schwester stirbt, ohne dass es den Brief kennt, der noch unterwegs zu ihr ist und vorerst bloß von einer Krankheit berichtet, bis zu dem bekannten Fall der Gebrüder Corso; ein Roman. Aber auch bei Yeats und Priestley und Chesterton, wo jener Zeitgenosse vorkommt, der am Geländer einer Brücke lehnt und beim Anblick eines Bootes in Gelächter ausbricht und Worte ausspricht, die er gar nicht kennen konnte, die sein Begleiter als ein altes, seemännisches Walisisch entziffert. Seine Vorfahren, Vater, waren Seeleute. Und er, heute, ein einfacher Angestellter an der Schreibmaschine. Du wirst entschuldigen, Papa, aber deine Geschichten aus dem polnischen Dörfchen habe ich nie ernst nehmen können. Die mit der Nachbarin, die um zwei Uhr morgens zu schreien anfängt, ihre Mutter sei lebendig begraben worden, und so einen Aufruhr anzettelt, dass man schließlich mit Laternen und geschulterten Schaufeln zum Friedhof ging und dort sah, dass die

Mutter zwar tot war, aber noch nicht, als sie begraben wurde: ihre Finger waren blutig gekratzt und überall im Sarg war Blut. Du hast erzählt, Vater, dass du dabei gewesen bist, einer der Dorfbewohner warst und mitgegangen bist. Mit mir ist da aber der Rationalist durchgegangen, und ich sagte dir oder sagte mir: "Wer weiß, wahrscheinlich ist das so eine Dorflegende, sowas wie der Kaminfeuer-Wolperdinger". Und ich will dir noch was sagen. Als ich hier anfing, so Sachen zu sehen, wie in diesem Traum, als du deine Enkelin, Vater, zum Friedhof von La Paz mitgenommen hast, um ihr Leóns Grabstein aus Granit zu zeigen, und sie mir bei einem Besuch erzählt hat, sie habe einen Traum gehabt, in dem sie mit mir durch einen Park gegangen sei, der aber kein Park war, und als sie mir den Traum zu Ende erzählt hatte, da machte sie ein lange Pause, und dann fragte sie mich ganz ohne Bezug dazu, wo León begraben sei. Zufall, dachte ich. Bis dann, klar, noch mehr solcher Sachen passierten. "Wer weiß", dachte ich da wieder und rief mir sogar Hamlet ins Gedächtnis, "Mehr Rätsel gibt es zwischen Himmel und Erde, als du dir vorzustellen vermagst"; aber niemals auf der anderen Seite. Tatsachen wurden nie wissenschaftlich erklärt, wenn es denn eine Tatsache war, denn dort, Papa, hattest du weder eine Sonne noch Sterne noch ein Buch; eine halbe Ration und ein Territorium, in das sie dir manchmal einen Schemel stellten, den du aber nicht benutzen durftest, und ich lebte dann im Stehen, wie in einem überfüllten 130er auf dem Weg nach La Paz, der sein Ziel nie erreichte, und so war mein wirkliches Territorium die Vorstellungskraft, die Fantasie, der regulierte Wahnsinn, soweit das möglich war. Verstehst du?, diese Begebenheiten, wenn es denn welche waren, diese Tatsachen oder doch eher Anekdoten, spielten auf der Grenze zwischen dem Wirklichen und dem nicht.

Bis Das Wort gekommen ist.

Komm, Vater. Immer mit der Ruhe. Wir kämpfen uns durch, Vater. Du hast den Schützengraben eines regulären Krieges überstanden, hast eine Ratte gejagt und gefangen, die dir deine Ration weggefressen hatte, hast sie ausgewaidet und recycled; du warst vermisst, Mama hat um dich geweint, sie war deine Braut, fast noch ein Kind, und alle andern; und eines Tages bist du zurückgekehrt, bist in die Schneiderwerkstatt in Lublin gegangen, wo man dir ein Almosen gegeben hat, bis du deine Haut und Knochen ausgewiesen hast und alle geweint haben, und du hast ein Bad genommen, hast Kleider gekriegt und Essen und hast dich gleich wieder an die Arbeit gemacht, die Nadel geschwenkt wie nichts. Komm, Vater, lass dich jetzt nicht von so etwas unterkriegen, du, der jedes Mal an León hat denken müssen, wenn du mich in seinem Bett gesehen hast, du, der Mama begleitet hat, die seit jenem Tag nie mehr gelächelt hat, du, Papa, ich habe nie gewusst, was du von mir erwartest, von mir wolltest, so dass ich einfach nur geguckt habe, da war, denn sonst war da niemand mehr in deinem Leben, sämtliche Bäume deines Familienwaldes gefällt, eingeäschert, nichts, nur noch die Erinnerung an die letzten Tage, die in Briefen von Pandora zu dir kam und in keinem noch so klitzekleinen Winkel das winzige Ei des Schmetterlings der Hoffnung barg. Komm, Vater. Auf. Mach mir nicht schlapp. Ich brauche dich. Und wenn es nur dafür ist, während eines Besuchs ein paar Tränen zu vergießen, wie einmal, als du, wie davor auch schon ein paar Mal, ganz leise gesprochen hast, wie zu dir selbst, so vor dich hin, weil du mir nie etwas gesagt hast, nie einen Vorwurf, nie eine Klage, und dann hast du dich daran erinnert, wie deine Mutter die beiden Kinder umklammert hat, deine kleinen Neffen, denen sie Blut abnehmen wollten, alles Blut, weil die Soldaten das brauchten, und sie wollte sie nicht loslassen, und die Kinder wollten sie nicht loslassen, und die ukrainischen SS-Männer verloren die Geduld, klar, und mit den

Spitzhackenstielen, mit denen sie für Ordnung sorgten, haben sie sie zum Schweigen gebracht, weil sie schrien, "Nein ..., nein" und weinten, nicht mehr auszuhalten war das, die schreien nicht mehr, das soll ihnen eine Lehre sein. Dafür brauche ich dich, mach mir nicht schlapp, Papa, wo du wieder an Terrain verloren hast, Nachbarn, Kanarienvögel, die Platane mit dem Nagel draußen vor der Tür, wo du den Kardinal in die Sonne gehängt hast, nein, Vater, wir kämpfen uns durch. Auf, Vater, ich weiß, dass du etwas gesagt hast, zu dir selbst, immer zu dir selbst, nie zu mir, nur diesen Satz, der alles ist und wozu auch mehr: "So habe ich mir meinen Lebensabend nicht vorgestellt."

Und jetzt sagen sie mir, dass du mich gesehen hast. Du seist mit Mama im Speisesaal gewesen, wohin ihr eigentlich nicht gehen wolltet, ihr wolltet diese kleine, saubere, blitzblanke Wohnung gar nicht verlassen, wo ihr ein Schlafzimmer und ein Badezimmer habt, mit einem kleinen Tisch und einem Heizöfchen in einer Ecke, da wollt ihr nicht raus, wollt lieber drinnen bleiben, auch das Essen soll dahin gebracht werden, Walter soll euch die Hähnchenschlegel bringen, beziehungsweise die Hühnerflügel, es sind wohl eher Hühnerflügel, aber verlassen wollt ihr sie nicht, eure Zimmer; an dem Tag jedoch seid ihr im Speisesaal gewesen, und die Direktorin, die eine herzensgute Person ist, hat euch die Wahl gelassen, an welchem Tisch ihr sitzen wolltet, allerdings mit anderen zusammen, und da seit ihr zu einem Tisch gegangen, an dem ein anderer Bewohner der "Stadt der Handstöcke" saß, der nie ein Wort sprach, nur für sich nach innen hinein lebte, und da auch nicht raus wollte, wie ihr nicht aus eurem Zimmer, und zu ihm habt ihr euch an den Tisch gesetzt, da wart ihr nun zu Dritt, und dann ging die gläserne Doppeltür auf und ich kam herein, und du bist aufgestanden, bist blass geworden, und ich trug diesen dunkelblauen Anzug mit drei Knöpfen, den letzten, den ich bekommen habe, und Mama hat nichts gemerkt und der andere Mitbewohner am Tisch auch nicht, und ich kam herein und habe euch gesucht und dich nicht gesehen, du aber wohl, und bleich seist du geworden, sagte man mir, hoch aufgerichtet, als ständest du am Kopfende einer langen Tafel, an der die ganze Familie saß, und hast diesen Satz gesprochen, den ich im Moment noch für mich behalten will, in jedem Moment, immer, den ich an dieser Stelle nicht aussprechen werde, denn er ist der Schlüssel, ein Code, ein Losungswort, das Schlüsselwort, das euch so am Herzen gelegen hat, weil ihr immer Rationalisten gewesen seid, wie ich früher, und klar, sie mochten dich, haben sich um dich gekümmert und dich zum Arzt gebracht.

Was mir nie gelungen ist, Vater, war, mich in dein Leben auf der anderen Seite zu versetzen. Das ist mir immer schwer gefallen, weil man sich das Draußen, das Jenseits der Mauer als eine sonnenbeschienene Straße vorgestellt hat. Und das Haus, Papa, ein Patio mit Schachbrettfliesen wie in meiner Schule - aus exakt der selben Zeit, von der selben Firma, sogar der Werkmeister ist noch der selbe - und auf jedem der schwarzweißen Felder tanzte eine Pflanze. Die in den Blumentöpfen drehten sich, ähnlich wie Brummkreisel. Und die in den Optimo-Olivenöldosen, die Mama umwickelte, weil sie schon rosteten, standen sozusagen in Habachtstellung und warteten, dass sie an die Reihe kamen. Und in diesem Pflanzendickicht die Terrassengarnitur aus Lattenholz, selbst angestrichen und lackiert, vom Allerfeinsten, zwei Sessel, bei denen man die Arme aufstützen konnte, und eine Sitzbank für Zwei, worauf das Ehepaar saß, das kein Spanisch sprach, es aber lernen wollte, sie hatten schon angefangen zu lernen, alles nur Denkbare zu lernen, weil sie von drüben kamen und die Familie kannten, unsere

Familie, oder einen aus der Familie, der ihnen, bevor er in die Gaskammer marschierte, gesagt hatte, "Merkt euch meinen Namen und Uruguay, verstanden?, wiederholt es", und da saßen sie nun, ich war noch ein kleiner Junge, und Mama rief mich und sagte zu der Frau, "Zeig es mal, zeig es ihm", und die Frau schob ihren Ärmel hoch und da stand, in blauer Farbe, so etwas wie eine Telefonnummer, die nicht mehr ab geht. Der Spieltisch war rund und hatte ein Deckchen in der Mitte, und darauf stand ein Blumentopf mit ich weiß nicht was für einem Bäumchen oder Pflänzchen, das aus Brasilien kommt, und wie ein gehätscheltes Schoßhündchen spreizte sich da der "Meersaum", denn "Schaum" konnte Mama nicht sagen, seine winzigen Blättchen kräuselten sich wie die Schaumkrone einer Brandungswelle, übermütige grüne Lämmchen. Und dann, Papa, ich weiß nicht, ob ich mich verständlich machen kann, wenn du im Draußen lebst und dies alles draußen ist, dann kann ich in dir nicht leben, was du lebst, wenn ich nicht da bin und du nicht weißt, wo ich bin; wenn sie euch drei oder vier Monate lang von Pontius nach Pilatus schicken, hier ist er nicht und da ist er auch nicht, wir wissen es nicht, er ist nicht hier, ich bin nicht da, "È morto" - "der ist tot", bis sie dir sagen, ja, und du mit Mutter bis zum Arsch der Welt fährst, um mich zehn Minuten lang zu sehen, deine ganzen Ersparnisse für die Fahrt ausgibst, mir eine Frucht mitbringst, die sie mir nie geben oder mir erst geben, wenn sie verfault ist, oder eine Ausgabe des Gráfico, die Mono dir geschenkt hat, die sie auch behalten und die ich nie zu sehen bekommen habe, ebensowenig wie die Blätter für den Mate, der hier sowieso verboten ist. Und da kommst du dann an, kommt ihr an, um acht Uhr zweiunddreißig kommt der Bus an, und sie halten euch hin bis um elf, dann beginnen die Minuten des allvierzehntägigen Besuchs wie Sand zwischen den Fingern zu zerrinnen, aber sie lassen dich, lassen euch weiter warten bis um zwölf oder eins, und dann höre ich den Tumult, "Ein alter Mann, ohnmächtig geworden", aber ich bringe dich damit nicht in Verbindung, weder mit ohnmächtig noch mit alt, Vater; und später, Monate, Jahre, ich weiß nicht, aber eine ganze Zeit später, da bist du wirklich ohnmächtig geworden, hast dich wieder aufgerappelt und aus der Westentasche eine Tablette gefummelt, und "Wasser, Wasser"; du hast nicht darum gebeten, sie haben es dir gebracht, und du hast dir die Tablette unter die Zunge gelegt, und deine ersten Worte nach der Wiederbelebung waren: "Von euch nehme ich nicht mal ein Glas Wasser."

Wir trafen uns an der Grenze, Papa. Der Besuch fand an der Grenze zwischen dem Draußen statt, diesem Draußen, das ich in dir nicht betreten kann, um in dir zu lächeln und in dir über den sonnenbeschienenen Gehweg zu spazieren, und diesem anderen Territorium, dieser weiten, endlosen Wüste von zwei Quadratmetern, meinem Diesseits. Und wir trafen uns auf dieser Trennlinie zweier Welten, auf der du an den Rand meines Universums gekommen bist, um zu sehen, ob ich noch in Umlauf war, und für dich war das, als würdest du das gesamte Sonnensystem erblicken, und man sah das knappe Lächeln auf deinen Lippen, das sich dort bei diesem Anblick zeigte, bei meinem Anblick, und ich sah nur das und nicht den Rest von dir im Draußen. Siehst du? Genau das wollte ich dir sagen, jetzt, da man dich wieder vertrieben hat. Dass der Herzmuskel wie immer und für immer dieses Lächeln auf deine Lippen zaubert.

Mut, Vater. Wenn man von Schiffbrüchen erzählt, dann deswegen, weil man nicht ertrunken ist. Also, Mut. Wir haben uns lange durchgeschippert, viele Jahre lang, in den vielen Besuchsminuten, die mit den Jahren zusammengekommen sind. Der Besuch war für dich und für mich das Meer der Begegnung. Da sind wir in das Rettungsboot gestiegen, das uns ganz allein gehörte, und haben in Erinnerungen gerudert. Dein Draußen und mein Diesseits sind zusammengeflossen in diesem Meer, das zwei Kontinente voneinander trennte. Und dort, auf dieser Grenze, konnte ich endlich eins werden mit dir. Diese Zeilen, Papa, sind also gewissermaßen unsere Grenzgeschichten.

Und bei euch im Altenheim, Papa, nur Alte. Waisen, Vater, Waisen des Lebens da draußen, des Lebens Verwaiste, sie alle dort; obwohl die Zeit manchmal stehenblieb in dem Garten hinterm Haus, wenn ein Paar sich fand, für kurze Zeit wieder der Welt angehörte, ein Blick durch Brillengläser, ein verschämtes Lächeln, wie der von 2 mit der von 14, die wieder ein Paar werden und mit der Direktorin sprechen, die sie über die Ernsthaftig-keit ihrer Absichten befragt, und es ist eine Liebesge-schichte, die mit einer Heirat endet, einem Hochzeitsfest, sie ganz in Weiß in der Synagoge des Heims, und ihre Unterbringung wird neu geregelt werden müssen, denn sie wollen natürlich zusammenleben. Das war so eine Begebenheit. Meistens aber ging die Zeit ereignislos dahin oder blieb stehen, um jemanden mitzunehmen, wie sie euch mitgenommen hat, doch ihr habt es verstanden, ihr auszuweichen, bis ihr "den Sohn wiedergesehen" habt. Ich glaube, Papa, dass alte Menschen dann sterben, wenn sie es wollen, und darum habt ihr beiden, du und Mama, dein "Gespons", wie du sie immer genannt hast, die Ruhe bewahrt, habt durchgehalten bis zu dieser Nacht, dieser herrlichen Nacht, als mein Körper aus Fleisch und Blut all die Türen durchschritt, bewachte Türen, stark bewacht die erste, die außerhalb der Besuchszeiten geschlossen blieb; die "Stadt der Handstöcke" schlief mit einem offenen Auge, so oft ist schon so viel passiert, unsere Alten sind uns heilig, dass keiner sie angreift, sie sind schon so oft angegriffen worden im Leben, vor allem euretwegen, Vater, wegen dir und Mama, wie viele Anrufe hat die Direktorin schon bekommen, die sie euch stets verschwiegen hat, "Werft die verdammten Alten von diesem Hundesohn aus dem Haus, entweder ihr werft sie raus oder wir sprengen den Laden in die Luft", und nie haben sie dir etwas gesagt, es gab Versammlungen, Sitzungen, Beratungen, "Sie bleiben hier", und ihr seid geblieben, euer Ultima Thule hat man euch nicht genommen, gesegnet sei Rachel und alle, die verstärkte Wachsamkeit gehalten haben, "Aber die Beiden bleiben hier".

Wie ist wohl die Erinnerungszeit bei einem Hund, wie mag sie sein? Ich frage mich, ein Hund, wie lange braucht er, um zu vergessen? Vergisst er überhaupt? Man - angenommen - kann eine Sprache, alles, Grammatik, lesen, alles. Dann spricht, hört, liest man sie zehn Jahre nicht mehr. Doch dann sind die idiomatischen Redewendungen, die Bücher in der Sprache, die Filme sofort wieder präsent. Die Sprache ist wieder da. Sie quietscht zwar noch ein wenig, die Erinnerung stolpert noch etwas, aber es geht. Mit dem Fahrrad ist es dasselbe. Nach dem ersten Kindergestrampel (die beiden in meinen Schuhen fahren freihändig), nach einigen Stürzen und Tränen und so, wenn die Stützräder abmontiert sind, steigt man, nachdem man zehn Jahre lang nicht mehr in die Pedale getreten hat, wieder auf den Drahtesel und fährt los wie nichts. Sprache und Fahrrad haben eine Erinnerung, die außerhalb der Zeit liegt. Die Zeit vergeht, und die beiden bleiben, wie sie sind. Du kannst sie jederzeit wieder benutzen, und "Wer hätte das gedacht, Frau Nachbarin, als wärs erst gestern gewesen!" Beim Hund weiß ich nicht. Ich frage mich nur. Man hat einen Hund, er wedelt mit dem Schwanz, setzt sich neben einen, sucht sich sein Plätzchen, geht mit einem raus. Er läuft nicht davon, bleibt immer bei einem. Doch dann wird man eines Tages ausradiert, und der Hund? Er kriegt ein anderes Herrchen, das ihm den Napf füllt, ihn ausführt. Und der Hund, erinnert er sich? Wenn man zurückkommt, springt er dann an einem hoch? Man liebt seinen Hund, und umgekehrt. Auf einem Maskottchenfriedhof habe ich einmal auf einem Grabstein folgende Inschrift gelesen: "Lieber Toni, wenn Hunde nicht in den Himmel kommen, will ich auch nicht in den Himmel kommen". Und darunter stand, ob du es glaubst oder nicht: "Mama". Der Argus des Odysseus ist ja ziemlich literarisch. Als der Held nach Ithaka zurückkehrt, ist der Hund der Einzige, der ihn erkennt. Ob man über so viele Jahre hin seinen Geruch behält? Hat der Hund ihn so lange in der Nase? Weiß der Geier. Es gibt ja viele Geschichten von Hunden. Wie die von dem Iren, der eine Bulldogge hatte, die er nur an jemanden verkaufte, der nicht auf ein Schiff ging; er wohnte in einem Hafenstädtchen. Weil der Hund, den er verkaufte, nämlich bei der nächsten Gelegenheit zu ihm zurückkam und gleich noch einmal verkauft werden konnte. Du erinnerst dich noch an Zapi, Vater? Der hat das auch einmal gemacht.

*Zapi* war das schönste Geschenk, das du und Mama mir je gemacht habt. Ich war noch klein und kam vom Fußballplatz. Als ich ins Haus kam, war er da, ein junger Hund, verspielt, eine einzige Freude habt ihr mir damit gemacht, der Hund selbst war eine einzige Freude ("Aber ich führe ihn aus", hast du geknurrt, Papa), er hatte einen schwarzen Fleck auf dem Rücken, was ein wichtiges Merkmal war für den Fall, dass er verlorenging (ich wollte auch so einen Fleck haben), und obendrein hatte er noch ein weißes und ein schwarzes Auge und ein weißes und ein schwarzes Ohr. Gabriela hat immer gesagt, er habe ein trauriges und ein fröhliches Auge. Mein Hund hieß eigentlich *Bibiano Zapirain*, zu Ehren des linken Stürmers unserer Nationalmannschaft, den ich auf der

Tribüne des Amsterdam aus fünf Metern Entfernung gesehen habe. Zu Hause, unter Eingeweihten sozusagen, wurde er aber nur *Zapi* genannt. Einmal, ein einziges Mal, haben wir ihn abgegeben, das war, als wir ein Wochenende auf einem Bauernhof verbracht haben, wo man gesundes Essen bekam. Zum Frühstück gab es da beispielsweise ein weich gekochtes Ei, was ich nur als Spiegelei kannte. Der Hof hieß Quinta Marcusse und lag an einem Bach, da, wo die Calle Canelones beginnt und der 130er vorbei fährt. Für diese beiden Tage haben wir *Zapi* zu einer Frau gegeben, die unten am Hang wohnte, und als wir zurückkamen und ihn wiederhaben wollten, sagte sie, er sei davongelaufen und ein Auto habe ihn totgefahren. Ein paar Tage später saßen wir wie immer in der Küche beim Mittagessen, wie immer schweigend. Da hörten wir plötzlich so etwas wie ein Kratzen an der Haustür. Wir schauten uns an. Das Kratzen hörte auf. Eine Geräuschfatamorgana. Wir aßen weiter. Wieder das Kratzen. Mama war schon ein bisschen ungehalten und sagte zu Papa: "Warum siehst du nicht nach?" Und Vater steht auf, schiebt die Türgardine zur Seite und späht nach draußen. "Niemand zu sehen", sagt er mürrisch und setzt sich und wieder kratzt es. Du hattest damals, ich weiß nicht, Vater, so eine Art Befürchtung, oder so was. Also bin ich aufgestanden und habe durch die Türgardine gespäht, aber nicht nach draußen, sondern nach unten, weil *Zapi*, als er noch bei uns war, immer nach draußen ging, bis zur Straßenecke lief, pinkelte, ein paar Grashalme fraß, und wenn er zurückkam, sich bemerkbar machte. Und genau da unten hockte er, abgemagert, erschöpft, schmutzig, ein Bein gebrochen. Er kam herein wie immer, lief in eine Zimmerecke, wo ich ihm zum Spaß beigebracht hatte, sich auf zwei Beine zu stellen, und er versuchte es wieder, fiel aber um, weil sein Bein gebrochen war. Warum ich dir das erzähle, Papa? Ach ja, weil ich dir eigentlich nur Folgendes damit sagen will: Als ich zum ersten Mal wieder auf sonnenbeschienenen Bürgersteigen ging, fühlte ich mich, als wäre ich nie fort gewesen.

Ich weiß nicht, wie oft ich an der Vordertür gekratzt habe, Vater. Ich weiß nicht, oder weiß doch, wie oft du mich gehört hast. Nachts im Schlafzimmer, das langsam vom Primus aufgeheizt wurde, nachts, wenn Mama die Füße mit dem Backstein gewärmt hat, der viel besser war als der Sack, nachts, Papa, nicht sehr spät, um neun, Stille. In dieser Stille, Papa, wie oft hast du mich da an der Tür kratzen hören.

Durch die andere bin ich ohne zu kratzen gekommen und du hast mich gesehen und ich dich nicht, ich, der sich in Sachen Wiedersehen und Türen nichts vormachen lässt, dort aber wohl, denn eigentlich, was man so Tür nennt, da gibt es für mich nur unsere Haustür. Eine hohe, sehr hohe herrschaftliche Tür mit zwei Flügeln, die weit aufschwangen (woher kommt eigentlich das mit den Flügeln und dem Schwingen?), wenn Mama hinausging, um den Eingang zu wischen, den Eingang mit der ausgetretenen Marmorstufe, die dort am ausgetretensten war, wo sie am meisten benutzt wurde, dann kamen zwei weitere Stufen, auch aus Marmor, der kühle, schattige Flur und die Zwischentür mit ihren zwei Spitzengardinchen und dem Riegelchen wie von einer Anrichtentür, als könnte durch den etwas aufgehalten werden. An der Haustür gab es eine fein gearbeitete, schlanke Frauenhand aus Bronze, mit langen, romantischen Fingern, die – auf sehr erotische Weise – eine goldene Kugel umfassten, in Bronze, die auf einer Basis aus ebenfalls goldfarbenem Metall ruhte, gegen die die Kugel jedes Mal schlug, wenn man die Hand anhob, die es früher fast an jeder Haustür gab, aber damals schon nicht mehr, nur unsere noch, bis zum tschau, das wars, fort war die Hand, um in einem

Antiquitätenladen in der Calle Tristán Narvaja oder der Altstadt zu landen, sehen Sie nur, meine Dame, wie schön, für den Schreibtisch, ein herrlicher Briefbeschwerer. Als ich noch ein Kind war, diente die Hand dazu, Patricio, einen allein lebenden, großen, altmodischen Mann mit Handstock, in den Wahnsinn zu treiben. Wir dachten immer, er sei schon reif für den Friedhof, er hatte ein, ich weiß nicht, so etwas im Gehen, sein Hut, ich weiß nicht. Er hatte eine Hand, an die wir einen Cadena-Bindfaden geknotet haben, das war die Sorte, Vater, die du immer benutzt hast, und ich habe dir eine Spule davon stibitzt, für unsere Gang, um sie an Patricios Hand zu binden, nicht an seine, sondern an die zum Klopfen, dann haben wir uns gegenüber auf die Kante des Bürgersteigs gesetzt, gezogen und geklopft, bis Patricio heraus kam, um zu sehen, wer da war, und da war keiner, aber konnte das sein; wie es auch an dem Tag nicht war und doch war, als ich den Speisesaal betrat, jedoch ohne zu klopfen, ganz normal, aber in der Luft. Da gab es ein Fensterchen, weißt du noch?, mit einem Gitter, alles in Gold, dadurch konnte man sehen, wer kam; Patricio hatte so was nicht, darum hat er aufgemacht. Es waren horizontale Stäbe, die Mama per Hand und Handtuch zum Glänzen gebracht hat, wie auch diesen Halbkreis im Marmor, in den der vertikale Riegel von innen hineingeschoben wurde, und ganz zum Schluss kamen diese beiden Griffe aus gedrehter Bronze mit zwei Plaketten am Ende aus demselben Metall im selben Farbton und ganz und gar umgeben von einer dunklen Wolke, oder nein, so nicht, nicht bedrohlich oder so, eher schwebend, die dem Handgriff etwas Zierliches gab, der, ohne das, ein Sarggriff hätte sein können; aber nein, dieser Schatten war von dem Handtuch mit Brasso, womit Mama den Griff zum Glänzen brachte, als wäre er von einem Heiligenschein umgeben, und an dem wir Samstags, ich glaube, wir durften nur Samstags ausgehen, die Tür ins Schloss knallen ließen, und deine Stimme,

Vater, kam von drinnen, "Schlagt die Tür nicht so!", und ich war schon auf dem Weg zum Tanz, in dem dunkelblauen Jackett mit drei Knöpfen und der umstrittenen Hose, bei der Mama schlichtend eingegriffen hat, weil man natürlich Röhrenhosen trug (soll ich etwa in einer anderen als einer Röhrenjeans zum Tanzen gehen, Vater, da nimmt mich keiner ernst, Mädchen kann ich vergessen, die 14er Röhre ist wie ein Erkennungszeichen, Papa, aber du immer nur nein, höchstens eine 22er, und Mama, "Warum denn nicht etwas enger", und etwas enger wurde sie dann, aber immer noch keine 14er; als würde um eine Ware oder ein Grundstück gefeilscht) und schwarze spitze Schuhe, dass auf dem Tanzboden die Späne flogen. Also, die Tür damals, die Tür, die ich öffnen und/oder durch die ich eintreten musste, war diese. Nicht die Glastür des Speisesaals, nein. Es war diese, die Haustür. Die es nur einmal gibt, die von zu Hause.

In einem Wörterbuch für sinn- und sachverwandte Begriffe wird "Tür" mit "Haus" assoziiert. Aber das stimmt nicht. Ich schlafe mit dem Gesicht zu einer Tür, ich lebe mit einer Tür vor der Nase, die ich nur im Rücken habe, wenn drei kurze Schritte mich in die Hühnerecke führen (besser gesagt, die Schweineecke), wo ich schon wieder die Kehrtwendung machen muss und die Tür vor mir habe, die verschlossen, dick und massiv ist, die ich manchmal zaghaft mit den Fingerknöcheln berühre, "wenn der Abort lockt", wenn ich nicht mehr an mich halten kann, wenn ich mich vollpinkle, mich vollscheiße, aber nichts, es ist eine gleichgültige Tür, mit einem Guckloch so groß wie eine Münze, durch das sie mich beobachten, und ich sehe das grinsende oder wachende oder grinsend wachende Auge; das ist heute meine Tür. Es ist keine Haustür. Und dennoch, wenn sie mich herausholen, will ich gleich wieder umdrehen, kaum bin ich draußen, kaum langen sie nach mir, um mich hinauszuzerren, will ich schon wieder zurück, denn die Welt da draußen, Vater, ist feindselig. Ich will zurück auf diese zwei Quadratmeter, in mein Nest, meine Höhle, meinen Bau, mein Refugium, wo eine Tapetentür mich vor allem verbirgt, an der ich nie die Abwesenheit von etwas erlauscht habe, stell dir vor; nur beim ersten Mal ist mir das passiert, als ich einer echten gegenüberstand, die ich anfassen konnte, als ich wieder auf der sonnenbeschienenen Straße ging, beschienen von der aufgehenden, wärmenden Sonne, die später am Horizont versinkt und alles in Lila und Orange taucht, nicht die Sonne meines Denkens, an die ich Jahrtausende lang gedacht habe, nein, diese, die es schon vorher gab, die so ist, wie das Wort es sagt: Sonne. Nun gut, an diesem Tag hatte ich also eine Tür vor mir. Ich stand vor einer Tür. Ich musste durch eine Tür gehen, ihre Schwelle überschreiten, ich musste eine Tür öffnen, Papa. Aber ich tat es nicht. Ich blieb vor ihr stehen, starrte sie an, stand im Begriff, ihr mit zaghaften Fingerknöcheln zu drohen, darauf wartend, dass jemand sie öffnete, Papa, ich öffnete keine Türen, habe nie welche geöffnet, ich hatte vergessen, dass Türen geöffnet werden, dass man sie öffnen kann, dass man einen Reflex in sich birgt, der beim Annähern an eine Tür ganz exakt und auf den Punkt genau den muskulären Federzug in Arm und Hand löst und diese zielstrebig die Klinke ergreifen lässt. So funktioniert das draußen. Aber hier drinnen haben die Türen keine Klinken. Das wollte ich dir sagen. Das war es, was ich dir sagen wollte, was ich vergessen hatte und nicht mehr wusste, wie es sich anfühlte. Was ich fühlte, als ich wieder in die Sonne zurückkehrte, was ich zurückgewann, wieder in mein Leben integrierte, was kein Dichter je besungen hat, weil es von keinem je vermisst worden ist: die Türklinke.

Hier geht man hin und her, Vater, und die Kinder im Schuh lösen sich allmählich auf, rollen sich zusammen, ihre Gesichter von alter Zeitung werden faltig und zerkrümeln und man muss sich neue suchen in diesem Drecksloch von Abort, wo nie mal eine Illustrierte herumliegt, egal was für eine, irgendeine alte, aus der man seine Ersatzkinder herausreissen und verstecken könnte, damit sie dir die Füße wärmen, weil Papier die Füße wärmt und man das Gefühl hat, auf Rasen zu gehen, "Barfuß im Park"; darum sage ich dir, dass man Kinder behüten muss, wie deine Nachbarin im Heim den Fotorahmen behütet, Malka, die dem letzten Kreis entkommen ist, Arbeit macht frei, in dem alle anderen den Tod gefunden haben, selbst die, die zurückgekommen sind, die alte Frau, der sie das kleine Kind entrissen haben, und die zusehen musste, wie vier Jahre Leben sich in Nichts auflösen, das Kindchen voller Staunen über dieses Spiel, das mit ihm endete, mit ihr, Papa, mit der alten Frau, die jetzt einen Fotorahmen im Schoß hält und mit feinem Stimmchen singt, einem dünnen Stimmchen in der Sprache des Heims, dem Jiddisch der Überlebenden, aller Überlebenden, papirene kinder, papirene kinder, wobei sie den Bilderrahmen wiegt, ihn im Arm hält, die alte, tote Frau, Papa, die da singt und weint. Nur weint.

Die Erinnerung ist wie ein loderndes Feuer. Wahrscheinlich hatten die ersten Menschen dieselbe Vorstellung, und all die anthropologischen, archäologischen, soziologischen Hypothesen, dass man ein Feuer machte, um sich daran zu wärmen – so war es ja – um Licht zu haben und kochen zu können und all das, das war so. Auch, um die Tiere fern zu halten, was allerdings nicht sehr überzeugend ist, denn wenn ich heute an einem Fluss campiere, sagen wir am Rio Negro, dann werden vom Lagerfeuer die Füchse angezogen, schleichen ums Feuer herum, lachen. Ich kenne zwar nicht die Angewohnheiten der Tiere aus dem Jurassic Park, aber die der Füchse kenne ich. Also, ich weiß nicht, ob die großen

Saurier das Feuer liebten. Von unseren höhlenbewohnenden Vorfahren weiß man, dass sie sich im Kreis um die Flammen hockten, aber es ging ihnen dabei nicht nur um die sogenannte "Anbetung des Feuers", sondern auch um das Anbeten der Erinnerung. Anfangs hatten sie davon nicht viel, weil sie die Ersten waren, doch bezweifle ich, dass die Ersten auch nur einen Moment lang auf die Idee gekommen sind, dass sie es waren, denn aus Lehm, Gott, wird man nicht geboren. Es gibt Zeugnisse, die von ihrem Hang zum Erinnern berichten. Die Wandmalereien der Altamirahöhle halten das wesentliche Geschehen für die Familie, den Stamm, fest: ich meine die Jagd, den Unterschlupf, das Bratenfeuer, das Gehörn für Utensilien, das Knöchelchen für die Flöte. Das Totem ist im Grunde nichts anderes als die Gestaltwerdung eines denkwürdigen Ereignisses: Der Bär steht für die erfolgreiche Jagd; der Pfeil für die siegreiche Schlacht; Wölfe, Jaguare und Wale gehören zum Bestand der Totemtiere, mit denen sich die Großväter identifizierten und die sie an ihre Enkel weitergaben: "Dann sprang mich der Löwe an, aber ich ...". Solche Geschichten erzählten sie sich am Lagerfeuer, genau wie die Gauchos. Geschichte, Poesie, Tragödien, Wahrheiten, Legenden wurden dort gesponnen. Das Feuer inspirierte sie, bewahrte sie, die Erinnerung wurde am Feuer aufbewahrt und vom Feuer beflügelt: die Teller sind abgewaschen, die Nacht ist finster, setzen wir uns und erzählen uns was, erinnern wir uns. Der Widerschein der Flammen in den Augen belebt die Erinnerung. In seinem Werk "Auf der Suche nach der verlorenen Zeit" (welch eine Suche!), beschreibt Proust einen seltsamen Fund, den Archäologen bei einer Ausgrabung gemacht haben und bei dem es sich um die Überreste von Galliern handelt, deren Schädel offenbar eingeschlagen sind, solche Sachen. Sie waren wohl von einem anderen Stamm in einer Schlacht besiegt und niedergemacht worden. Was aber die Aufmerksamkeit der Archäologen erweckte, waren bei den Leichen, Gerippen, besser gesagt, aufgefundene und wie Totems behauene Steine, die sorgfältig zerschlagen worden waren. Es war bei den Galliern Sitte, ihr Emblem (Bär, Wildkatze, Wolf) als Halsschmuck zu tragen; den Bezug zu ihrer Erinnerung, kurz, ihre Erinnerung. Und warum die Steine, und warum zerschlagen? Weil es nicht genügte, die Körper zu töten, denn die Körper lebten in der Erinnerung weiter, und die Erinnerung war in den behauenen Steinen, also mussten diese zerschlagen werden, um jede Erinnerung zu zerstören. Und so wurden sie Stück für Stück zertrümmert. Diese Steine, die am nächtlichen Lagerfeuer schimmerten und die Fantasie entzündeten: "Und das Wildschwein, mein Sohn, griff mich im Schilf an, als ich in der Lagune Kröten fing ...". Solche Geschichten bewahrt das Feuer und erfüllt sie mit Leben, indem es seine Flammen in den Augen derer spiegelt, die sich an diesen Geschichten berauschen. Es gibt kleine Erinnerungen, die glimmen wie Glut, und heldenhafte wie die kriegerische, hell auflodernde Flamme, und es gibt winzige, die gut gelaunt wie knisternde Funken sprühen, und andere, Papa, die sich unter der Asche der Jahre erhalten, vieler Jahre, schlafende Loderasche. Aber erlöschen tun sie nicht, Vater. Nein.

Vielleicht war es gleichzeitig. Mein Eintritt dort, dein Wort hier. Doch das mit dem Gleichzeitigen ist noch unreif, man versteht es nicht recht, ich verstehe es nicht recht. Den Lichtschalter betätigen (in Gegenden, wo der Lichtschalter und das Licht vom Menschen betätigt wird) und Licht haben, das ist gleichzeitig. Aber nein. Wohl doch nicht. Einstein hat es erklärt und das Beispiel ins Große gebracht, zum Vergleich mit dem Stern, den wir noch sehen (rein theoretisch, hier haben wir 40 Watt), dem man das Licht aber schon vor langer Zeit ausgeknipst hat. Und so ist es mit allem. Man schreibt in der Gegenwart, doch wenn man den Punkt setzt, dann ist der Punkt und alles andere, einschließlich meines Kommentars, dessen ich mich nicht enthalten kann, bereits Vergangenheit. Ergo, die Gegenwart existiert nicht. Ich habe keine Gegenwart. Mit dem Gleichzeitigen ist es dasselbe. Ich habe keine Gleichzeitigkeit. Wieviel Zeit vergeht bei der Übertragung eines Bildes? Sagen wir, ich projiziere mich in Gedanken, wenn das mit dem Projizieren so möglich wäre, oder ist, wie lange würde dieses Bild brauchen, um die Strecke von meiner Nische auf der Grenze bis zum Speisesaal zurückzulegen, wo meine Eltern sich zu dem schweigsamen Mann an den Tisch gesetzt haben. Ich weiß es nicht. Aber ich habe auch nichts projiziert, mich schon gar nicht. Es war einfach so. Ich glaube, es war einfach so. Ich bin sicher. Ich allein bin sicher, und sicher hat man ihn verhaftet. Merken.

Das alles ist vollkommen irre, Vater. Denn um dir erzählen zu können, was ich dir erzähle, obwohl du ja nicht mehr da bist oder da bist, wo du mich nicht mehr hörst oder möglicherweise doch, muss ich dir schildern, was man gemeinhin das Umfeld nennt, wohlgemerkt, "Umfeld", wo das Wort von mir gehört wurde, und ich es im Morgengrauen übermittelt habe. Ich habe es nämlich weitergesagt, ich hatte einen Gesprächspartner, der jetzt mein Zeuge ist. Ich hatte einen Zeugen, habe einen Zeugen. Es ist nämlich so, oder es war so, dass auf der anderen Seite der Mauer, nicht im Jenseits der Mauer, nein, auf der anderen Seite, gewissermaßen mit der Wand dazwischen, da gab es noch so einen Astronauten in seiner Nische. Es war der Bewohner der anderen Seite, der, genau wie ich, Träume hatte, Stille, zwei mal einen Meter, Fantasien und gleichfalls seinen Bewohner der anderen – dieser – Seite der Mauer, und mit ihm, du zu mir und ich zu dir, kam eine Unterhaltung in Gang, von der niemand etwas wusste, etwas erfuhr, genau wie in dieser Komödie, weißt du noch?, die wir abends immer im Radio gehört haben, mit der ganzen Familie, das einzige Radio, bei Honigkuchen und Tee, und dann diese Musik und die Stimme: "Niemand kannte, kennt und wird sie je erfahren, die Wahrheit in dem merkwürdigen Fall des ...", und dann das Gelächter des irren Mönchs, von dem die Serie ihren Namen hatte, und der auch der Erzähler war; darum sage ich dir, das Eine wie das Andere ist vollkommen irre. Es begann nämlich ausgerechnet an einem Heiligen Abend. Und sowohl ich als auch der Bewohner der anderen Seite wollten in Kommunikation zueinander treten, weil wir sonst mit keinem kommunizieren konnten, ich höchstens mit dir, doch das war nichts Genaues, aber sprechen, richtig sprechen, da gab es keinen, um "Guten Tag" zu sagen, "Wie geht's?", "Was gibt's Neues?", nichts. Wörter sind strikt verboten, auf immer. Aber es war Weihnachten, die Stimmen der äußeren Welt verkündeten es, das Lamm war geschlachtet, bald sollte es angerichtet werden, und wir in unserer Umlaufbahn, die einzigen Bewohner des Weltraums, verloren im All, wo auf seinesgleichen zu treffen, interstellares Leben zu finden oder gleich nebenan, dasselbe war, wie auf einer sonnenbeschienenen Straße zu gehen, vielleicht noch besser. Bis an die Wand, nennen wir sie die "Mittlerin", gekratzt wurde, und der andere, genau wie ich, kundtun wollte, dass unser Planet bewohnt war. Ich kratzte zurück, als Antwort, wir hatten keine andere Sprache als die unserer Fingernägel, gingen dann zu den Knöcheln über, vorsichtig, erfanden leise klopfend eine Sprache, erfanden das Morsealphabet neu, das keiner von uns kannte, kleine Gruppen von Klopfern, dann einen Moment Stille als Trennung, so gelangten die Neuigkeiten aus einer anderen Welt zu uns, die auch bewohnt war; es gab Leben auf einem anderen Planeten, einer anderen Galaxie oder Konstellation oder einem Spiralnebel wohl eher; ich riss einen Splitter von Putz aus der Wand und machte mir auf dem Betonboden Notizen, und es war Weihnachten, Vater, und die ersten Worte hatten mit Weihnachten zu tun, und natürlich war es so, dass ich, wenn ich den ersten Buchstaben entzifferte, einfach durch probieren, den Rest ebenfalls kennen würde und damit den Schlüssel gefunden hätte, unseren Stein von Rosette, der Beginn langer Erzählungen, angefangen mit der sechs-achtzehn-fünfzehn-acht-fünf-neunzehn und der sechs-fünf-neunzehn-zwanzig, da jeder Buchstabe so viele Klopfer bekommt, wie seine Stellung im Alphabet anzeigt, wo der Buchstabe "F" an sechster Stelle steht, und an achtzehnter das "R", was nichts anderes heißt, Vater, vergiss nicht, es war Weihnachten, frohes Fest. "Frohes Fest". Denn so ging das Ganze los, und bei Anbruch des Tages, noch bevor der erste Trompetenstoß die Sinfonie der Stille durchbrach, waren wir bereits auf den Beinen, vor der Sonne schon, genau wie jeden Tag, alle Tage bis in Ewigkeit, begrüßten wir uns mit pochenden Fingerknöcheln, und diesmal ließ ich ihn sich setzen, diese Unterhaltung wurde sitzend geführt, auf dem Boden, damit die Hand vom Guckloch aus nicht zu sehen war, den Arm nach hinten abgeknickt, den Blick verträumt in die Luft gerichtet, auf die gegenüberliegende Wand, als könnte man kein Wässerchen trüben, und so sagte ich ihm "Gestern war mein Vater da", und er verstand und wollte mich nicht auf den Arm nehmen mit seiner Antwort "Du träumst", denn er hatte den selben Besuch, und darum sagte ich ihm, "Er hat etwas zu mir gesagt", "Was", fragte er, "Einen Satz", diesen, und so kam es, dass das niemals gesprochene Wort geklopft wurde. Und er, "Was heißt das?", und ich, "Ich weiß nicht", "Ist das Jiddisch?", "Was weiß ich, ich kann kein Jiddisch, keine Ahnung", und er, "Aber was zum Teufel soll es heißen?", und ich, "Was es heißen soll, weiß ich nicht, aber ich weiß, was es bedeutet, und er, "Spucks aus", und ich spuckte es aus wie der irre Mönch, das heißt:

"Moishe, was stehst du da herum, setz dich, iss."

Von dem Wort hat man nie mehr was gehört. Aber seine Bedeutung ist noch da. Das von dir gesprochene Wort, Vater, im Morgengrauen fand es seine gleichzeitige Übersetzung in diesem Satz, den du, ohne dass ich es wusste, in einer Art von Gleichzeitigkeit ausgesprochen hast, deren Beschaffenheit ich nicht kannte, weil ich nicht weiß, welche verdammte Zeit die Bilder, Fantasmen, Körperprojektionen im Raum eigentlich brauchen, sie werden ja nicht per Kabel übermittelt, sind drahtlos, und doch weiß ich, dass du ihn ausgesprochen hast, bei jenem Besuch. Man hatte mir schon gesagt, dass es dir besser ging, nicht gut, aber schon besser, du hättest optische Sinnestäuschungen, im Speisesaal des Altenheims war es, zusammen mit Mama und dem anderen, dem Schweiger, als du mich gesehen hast, wie ich die gläserne Tür aufgestoßen habe, wie ein Cowboy in einem Western eine Bar betritt, und du bist aufgestanden, bist bleich geworden und hast dich über Mama geärgert, weil sie mich nicht gesehen hat, und du, "Siehst du ihn denn nicht?", wie ich gesucht habe, euch gesucht habe, und du hast etwas zu mir gesagt, das man nicht verstanden hat, und hier hebt sich dann der Vorhang der Kapuze wieder für die zehn Besuchsminuten, und da sitzt du vor mir, als wäre nichts geschehen, und wir sprechen über die Begegnung im Speisesaal; "Du hast mich gesehen", "Ja", hast du geantwortet, als wäre es das Selbstverständlichste von der Welt, was ganz Normales, denn letzten Endes war es ja auch ganz normal, beinah logisch. "Du hast den blauen Anzug mit drei Knöpfen getragen, aber du hast mich nicht gesehen, Moishe, du hast mit den Augen nach mir gesucht, und ich habe es dir gesagt." "Was?", fragte ich. "Was sollte ich dir schon sagen?"

"Moishe, was stehst du da herum, setz dich, iss."

Das Wort. Das chaldäische, aramäische, babylonische, hebräische Wort sollte heißen, hieß, im selben Augenblick, in dem Moment, in dem die Zeit von sich aus und ohne Uhr verrinnt, für meinen Vater im Speisesaal des Altenheims und für mich in meiner Nische, das Wort sollte heißen und heisst noch immer, wo wir auch sind, Vater, wir sehen uns.

„Die Bubeles sind die Mameles, die auf einem Foto sind."

„Und Mama hat in ihrer Schuhschachtel alle ihre Schwestern und ihre Mama, das Mamele, das ist die Mama von meiner Mama; und Mama ruft mich und zeigt mit einem Finger: „Das da ist Irene, und das ist Anna, die zwei Kinder hat“.“

„Ich mag meinen Bruder noch lieber als *Miska* und als alle andern.“

„Straßenbahnen sind was ganz Schreckliches, weil sie die Leute mitnehmen und man nie weiß, wohin, man sieht sie nie wieder, nur den Straßenbahnführer, den sieht man. Und Fito und ich, wir werfen Steine auf die Straßenbahn.“

„Ich habe das Foto von dir als Soldat immer sehr gemocht, Papa, und ich habe mir dich mit dem Gewehr im Schützengraben vorgestellt, oder wie du dem herangaloppierenden, Säbel schwingenden Kosaken ausgewichen bist, aber das war in einem anderen Krieg, Papa, da hatten die Juden Gewehre."

„... während Mama in der Küche stand und weinte, Fleisch in kleine Stücke schnitt und weinte, den Schuhschrank aufmachte und über Leóns Schuhe strich und weinte."

„Die schmiedeeisernen Worte, Papa, sind kleiner, als ich mir vorgestellt habe, und das Gittertor könnte zu einem ganz normalen Bauernhof gehören."

„... mit der alten Frau, die jetzt einen Fotorahmen im Schoß hält und mit feinem Stimmchen singt, einem dünnen Stimmchen in der Sprache des Heims, dem Jiddisch der Überlebenden, aller Überlebenden, papirene kinder, papirene kinder, wobei sie den Bilderrahmen wiegt, im Arm hält, die alte, tote Frau, Papa, die da singt und weint. Nur weint."

„Und der Krieg, dieser Krieg und die Kameraden, mit denen du im Winter in das Haus mit den heißen Steinen gegangen bist, um nackt zu schwitzen und sich unter lautem Gelächter mit Zweigen zu schlagen, und hinterher habt ihr euch vor einen irdenen Napf voller Wodka gesetzt, billiges Zeug bestimmt, denn eine Marke kann ich mir bei dir nicht vorstellen, Vater, und darin wurde das Schwarzbrot eingetunkt, das ihr gefuttert habt.“

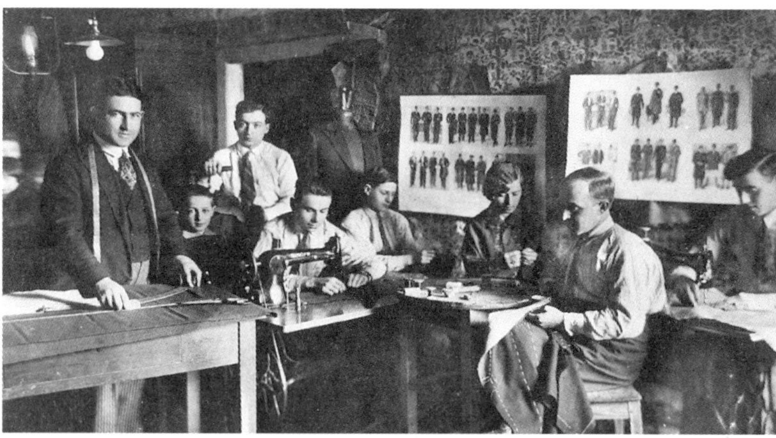

„... wo auch die Schneiderwerkstatt des Onkels ist/war und wo du eines Tages in Lumpen hereingekommen bist und keiner dich erkannt hat, weil du im Krieg gefallen warst, und Leibu dich nicht erkannt und dir ein Almosen zugesteckt hat, und du, „Leibu, Leibu, ich bin´s doch“, und dann haben alle geweint.“

„... und dann hast du dich daran erinnert, wie deine Mutter die beiden Kinder umklammert hat, deine kleinen Neffen, denen sie Blut abnehmen wollten, alles Blut, weil das die Soldaten brauchten, und sie wollte sie nicht loslassen, und die Kinder wollten sie nicht loslassen, und die ukrainischen SS-Männer verloren die Geduld, klar, und mit den Spitzhackenstielen, mit denen sie für Ordnung sorgten, haben sie sie zum Schweigen gebracht, weil sie schrien, „Nein ..., nein" und weinten, nicht zum aushalten, die schreien nicht mehr, das soll ihnen eine Lehre sein."

„... was gäbe ich darum, noch einmal deinen guefilte fish zu essen, die Krönung der mütterlichen Küche, das Losungswort des Juden in jedem Land der Welt, genau wie das Losungswort des Wiedererkennens in der Nacht meiner Heimkehr, da hast du mich tatsächlich gesehen, hast mich nach Jahrtausenden wieder gesehen, als wären es gar keine Jahrtausende, weil ich wiederkam, als wäre ich nur ein paar Tage fort gewesen, du im Bett, Papa an deiner Seite, ich am Fußende, vor der Umarmung, die schlicht ausfiel, ein gehauchter Kuss, denn das Wort war alles, das, was zählte, genau wie früher, wie immer, der Ursprung deines Denkens, das Wort vor dem Zeichen, das uns die ganze Vergangenheit zurückbrachte: „Hast du gegessen?“

*Mauricio Rosencof*, geboren 1933 in Florida/Uruguay, als Sohn jüdisch-polnischer Einwanderer. Als Mitglied der "Nationalen Befreiungsbewegung Tupamaros" wurde er während der Militärdiktatur von 1973 bis 1985 in wechselnden Lagern in Geiselhaft gehalten. Er lebt als Dramatiker, Erzähler und Kinderbuchautor in Montevideo.

FAMEN UND ESPERANZEN
Literatur aus aller Welt

Arturo Alape
DAS BLUT DER ANDEREN
Roman
Aus dem kolumbianischen Spanisch
von Richard Groß
geb., 144 Seiten
Famen und Esperanzen 9
ISBN 3-936791-02-3

Hamid Skif
HURE MIT KRAWATTE
Erzählungen aus Algerien
Aus dem Französischen und mit
einem Nachwort von Ursula Günther
geb., 146 Seiten
Famen und Esperanzen 11
ISBN 3-936791-06-6

Peter Faecke
HOCHZEITSVORBEREITUNGEN AUF DEM LANDE II
Roman. Das Kowalski-Projekt
geb., 328 Seiten
Famen und Esperanzen 4
ISBN 3-936791-05-8

Giselher W. Hoffmann
DIE VERLORENEN JAHRE
Roman aus Südwestafrika/Namibia
geb., 384 Seiten
Famen und Esperanzen 8
ISBN 3-936791- 01-5-

Weitere Reihen in der EDITION KÖLN

AUF REISEN
Reportagen, Analysen,Berichte
als weiterführende Reiseliteratur

*Darin:*
Dieter Schlesak
EINE TRANSSYLVANISCHE REISE
Ost-West-Passagen am Beispiel Rumäniens
geb., 192 Seiten
ISBN 3-936791-08-2

KRIMI & CO:
Kriminalliteratur:
immer Spannung pur,
und immer Literatur.

DIE EROTISCHE BIBLIOTHEK
von Liebe, Eros und dem Vergnügen.
beides sprachlich zu gestalten.

*Darin:*
Dieter Schlesak
ROMANS NETZ
Ein Liebesroman
geb., ca. 350 Seiten
ISBN 3-936791-10-4

Gestaltung und Satz:
Konnertz Buchgestaltung, Wuppertal

Druck und buchbinderische Verarbeitung:
Graspo CZ, a. s., Zlín, Tschechische Repulik
ISBN 3-936791-07-4

Die Übersetzung aus den Spanischen wurde mit Mitteln des Auswärtigen Amtes unterstützt durch die "Gesellschaft zur Förderung der Literatur aus Afrika und Lateinamerika e.V."

Der Übersetzer erhielt ein Stipendiun des Deutschen Übersetzerfonds, Berlin

EDITION KÖLN
Mevissenstr. 16
50668 Köln
www.peterfaecke.de